# KAFFEE

Dr. Eugen C. Bürgin

# KAFFEE

Mit 50 Kaffeerezepten
aus aller Welt,
fotografiert von
Hans Joachim Döbbelin

SIGLOCH
EDITION

Internet: http://www.sigloch.de
 Printed in Latvia
Papier: 135 g/m² nopaCoat glänzend, Nordland Papier Dörpen
Druck: Jana seta, Riga
Bindearbeiten: Sigloch Buchbinderei, Blaufelden
ISBN: 3-89393-135-x

# Inhalt


9 Die Entdeckung des Kaffees
14 Die Verbreitung des Kaffeebaumes
19 Die Verbreitung des Kaffees als Getränk
42 Die Kaffeepflanze
45 Die Frucht des Kaffeebaumes
56 Die Aufbereitung der Kaffeekirsche
66 Das Rösten und Mahlen des Kaffees
74 Die Chemie des Kaffees
79 Kaffee und Medizin
85 Coffeinfreier Kaffee
87 Reizstoffarmer Kaffee
88 Kaffee-Extrakte – Pulverkaffee
91 Kaffee-Ersatz und Kaffee-Zusatz
93 Die Zubereitung des Kaffees
97 Lob des Kaffees
103 Fünfzig Kaffeerezepte aus aller Welt

Für die große Unterstützung bei der Bildbeschaffung und die zahlreichen nützlichen Hinweise danken Autor und Verlag den Herren Raymond und Jean-Luc Lussigny, Straßburg.

Kaffee, ein Wort, ein Begriff, der die Welt umspannt.
Wohl kaum ein menschliches Genuß- und Nahrungsmittel ist so umfassend für alle Teile unserer Erde ein Inbegriff von Güte und Erquickung geworden wie das duftende Getränk aus der kleinen Kaffeebohne.
Sie, liebe Kaffeefreunde, möchten wir mit diesem Buche ansprechen, mit Ihnen möchten wir uns über Kaffee unterhalten und mit Ihnen seine wundersame Geschichte und seinen Siegeszug erleben.
Vor uns liegen die mannigfaltigen Schriften über den Kaffee, Berichte von Wissenschaftlern und Ärzten, Beschreibungen von Orientreisenden und Handelsleuten, wertvolle Werke von Schriftstellern, Künstlern und Fachleuten, Kritikern und Befürwortern, die für den geheimnisumwobenen Kaffee die Feder führten.
Es ist schwer, die Auswahl zu treffen aus der Fülle von Wissenswertem und Lehrreichem, Mystischem und Zauberhaftem, Huldvollem und Anmutigem, wohlwollenden und den Kaffee bitter bekämpfenden Zitaten.
Alles dies haben wir für Sie, liebe Kaffeefreunde, in lockerer Weise zusammengestellt und versucht, mit Anekdoten so schmackhaft zuzubereiten, wie Sie selbst den Kaffee aus der großen Zahl von angeführten Rezepten mit viel Liebe und Einfühlungsvermögen aufgießen können.

Dien sculp

Le Cafier d'arabie

# Die Entdeckung des Kaffees

Wie jede große Erleuchtung, welche die Welt umgebildet hat, so liegt auch die Entdeckung des Kaffees in einem geheimnisvollen Dunkel, und wie immer, wenn der Mensch sich nicht auf Konkretes stützen kann, bilden sich um die Vergangenheit phantasievolle Sagen. So haben sich auch um die Entdeckung des Kaffees zahlreiche Legenden gebildet, die, wie wäre es anders möglich, den Kaffee schon in seiner Urgeschichte als segenbringendes und den Geist in himmlische Sphären erhebendes Getränk schildern.

Es ist eigentlich erstaunlich, daß die Entdeckung des Kaffees der jüngeren Zeitepoche zugeschrieben wird, wissen wir doch, daß im Altertum die Menschen instinktiv die Pflanzen zu nutzen und der Natur ihre Geheimnisse zum Wohle der Gesundheit oder zur leiblichen Freude zu entlocken wußten. Vom Tee, der infolge seines Coffeingehaltes ebenfalls zu den anregenden Getränken zu zählen ist, wissen wir, daß seine Nutzung über 1000 Jahre früher erfolgt ist als jene des Kaffees. Die Erklärung kann einzig darin gefunden werden, daß der Kaffee als Genußmittel erst dann eine angenehme Empfindung erwecken kann, wenn die Bohnen irgendwie mit Feuer in Berührung kommen.

Daß die Kaffeepflanze nicht erst mit ihrer nachgewiesenen Nutzung wild gewachsen sein muß, wird durch verschiedene Belege als erwiesen erachtet. Und was liegt näher, als selbst die Bibel als erstes Zeugnis anzuführen.

Georg Paschius glaubt in seiner lateinischen Abhandlung um 1700 im Ersten Buch Samuel XXV, 18, Kaffee zu erkennen, als die schöne Abigail David zu seiner Versöhnung unter anderem 5 Scheffel geröstetes Korn als Geschenk überbrachte. Eher aber für Kaffee zutreffend ist, im Andern Buch Samuel XVII, 28, in der Liste der Geschenke, die Sobi, der Sohn Nahas, David überreichte: „Bettwerk, Becken, irdenes Gefäß, Weizen, Gerste, Mehl, Sangen (geröstete Ähren), dann Bohnen, Linsen, Grütze, Honig, Butter, Schafe und Rinderkäse. Denn sie dachten, das Volk wird hungrig sein in der Wüste."

Pierre Étienne Louis Dumant, ein schweizerischer protestantischer Geistlicher und Autor, ist der Meinung, daß im Ersten Buch Mose XXV, 30, Kaffee und nicht Linsen, wie andere angenommen hatten, das dicke rote Gericht gewesen sei, für das Esau sein Erstgeburtsrecht verkauft habe. Auch das geröstete Korn, das Boaz angeordnet habe, Ruth zu geben, müßten unmißverständlich geröstete Kaffeebohnen gewesen sein. Petrus Della Valle (1586-1652) glaubt, daß Nepenthe, welches Homer läßt Helena als Sorgenbrecher mit sich bringen, nichts anderes war als Kaffee vermischt mit Wein.

Die älteste überlieferte Sage läßt Mohammed selbst als Verkünder des Kaffees in Erscheinung treten. Einst, als der Prophet krank darnieder lag, erbarmte sich Allah, schickte den Engel Gabriel, ihm einen Trank, schwarz wie die Kaaba in Mekka, einzuflößen, und „qahwa", der „Aufregende", ließ Mohammed zu jugendlicher Kraft genesen, so daß er nach dem Genuß des Trankes vierzig Männer aus dem Sattel heben und ebenso viele

Frauen die Liebe lehren konnte. Eine spätere Sage berichtet von Sheik Ali ben Omar, einem Doktor-Priester, der seinen Lehrer Sheik Schadeli, den Patron und legendären Gründer von Mocha, nach dieser Stadt begleitete. Auf der Reise starb der fromme Meister, und eine weiße Engelsgestalt hieß Omar seine Reise nach Mocha im Lande Jemen fortzusetzen. Bei seiner Ankunft wütete in dieser Stadt die Pest. Mit Mohammeds Kraft heilte Sheik Omar die Kranken durch sein Gebet. Auch der schönen Tochter des Königs brachte er Heilung. Als der Sheik aber in Liebe für die Königstochter entflammte und diese zu gewinnen suchte, erboste sich darob der König und verbannte Omar in die Berge, weitab von der Stadt. In seiner trostlosen Einsamkeit und angesichts des Hungertodes flehte der unglückliche Mönch seinen verstorbenen Meister um Hilfe an. Dieser machte ihn auf einen Vogel mit wunderbarem Gefieder aufmerksam, der sich auf einem Baum niedergelassen hatte und Omar mit einem Gesang von unvorstellbarer Harmonie erfreute. Beglückt näherte sich der fromme Mann, doch als er hinzutrat, fand er nur einen Baum mit schönen weißen Blüten und dunkelroten Früchten. Omar pflückte von den Früchten, füllte seine Taschen und kehrte zu seiner Höhle zurück. Dort bereitete er wie immer sein kärgliches Mahl aus wenigen Kräutern, als ihm die Idee kam, statt diesen einige von den geernteten Früchten zu verwenden. Daraus erhielt er ein Bohnenkraut und einen wohlriechenden Trank, es war Kaffee. Von diesem Trank verabreichte er fortan den Hilfe- und Heilungsuchenden, welche bis in die Abgeschiedenheit zu Omar pilgerten, und diese brachten die Meldung von ihrer wundersamen Heilung in die Stadt zurück. Nun wurde Omar zur Rückkehr in die Stadt aufgefordert und mit Triumph in Mocha empfangen. Zu seinen Ehren wurde an diesem Ort ein Kloster erbaut und er selbst zum Heiligen ernannt.

Die wohl bekannteste Legende über den Kaffee stammt von Professor Faustus Naironi (1635–1707), welcher in Rom Sprachen lehrte. In den umliegenden Hügeln des Klosters Schehodet in Jemen am Roten Meer betreuten Hirten ihre Ziegenherden. Das muntere und meckernde Völklein, immer auf der Suche nach den saftigsten Gräsern, verstreute sich bis weit in die Felsen hinauf. Doch des Abends kehrten die Anbefohlenen friedlich zur Gemeinschaft zurück. Mit großem Erstaunen mußten nun aber die Hirten feststellen, daß der Ziegen Lebhaftigkeit sich steigerte, ja daß sie sogar des Nachts durch ihr lästiges, unstetes Herumtreiben und lautes Meckern die Hirten um die wohlverdiente Nachtruhe brachten. In ihrer Bedrängnis suchten sie Rat und Hilfe bei den Mönchen des Klosters. Da diese abnormale Erscheinung ihrer Ansicht nach nur von der Nahrung herrühren konnte, stiegen die Mönche mit den Hirten den Ziegen nach und fanden unbekannte Bäume mit grünen und roten Früchten, an welchen die Tiere mit Wollust knabberten.

Neugierig geworden, brachen die Mönche Zweige von dem Strauche und trugen sie ins Kloster zurück. Der Abt trocknete die harten Kerne am Feuer, zerrieb sie mit Steinen und schüttete das entstandene Pulver in heißes Wasser. Ein bisher unbekannter, herrlicher Duft schwoll ihm entgegen, und neugierig kostete er den schwarzen Trunk. Dieselbe Unruhe, welche die Hirten bei den Ziegen beobachtet hatten, überkam auch ihn. Aber diese Unruhe war eine göttliche Erleuchtung, welche das lästige Schlafgefühl verscheuchte und seine Gedanken zu unwahrscheinlicher Klarheit und großer Erkenntnis führte.

Auch den Mönchen gab er von diesem Zaubertrank, und auch sie priesen Allah, selbst zu mitternächtlicher Stunde, da sie ansonsten nur mit schläfrigem Sinne ihre Huldigung darbringen konnten.
Eine ähnliche Sage (J. G. Krünitz) berichtet von Gemaleddin, dem Mufti und Oberpriester zu Aden, genannt Albhabani, der auf einer Reise nach Persien den Kaffee kennengelernt habe und nun solchen in Aden, um seine Gesundheit wiederzuerlangen, getrunken habe. Damit entdeckte er auch die anregenden Eigenschaften des Kaffees und empfahl ihn den ihm untergebenen Derwischen zum Gebrauch bei ihren nächtlichen Gebeten.
„Der Mufti Gemaleddin ist im Jahre 1470 gestorben, und also würde ungefähr in der Mitte des 15. Jahrhunderts der Kaffee in Arabien Mode geworden sein; in Äthiopien aber soll man nach dem Zeugnisse der Abdaliader schon vor undenklichen Zeiten Kaffee getrunken haben."
Aller Wahrscheinlichkeit nach stammt die Kaffeepflanze aus Äthiopien (Abessinien), wo in den Bergwäldern des alten Königreichs Kaffa und in der Gegend der gleichnamigen Stadt der Kaffeebaum noch heute wildwachsend angetroffen werden kann. Im Sprachgebrauch dieses Landes aber wurde der Kaffeebaum „bun“ und das Getränk „bunchum“ genannt, und der Name mit dem Stamm „chaube, qahwa, kahwe“ ist einwandfrei arabischer Herkunft. Diese Bezeichnung „qahwa“ wurde von allen europäischen Reisenden in Arabien angetroffen und von den Türken als „kahwe“ übernommen und weitergeleitet.
Ursprünglich wurde dieser Name für Wein gebraucht und ist vermutlich zufolge der anregenden Wirkung des Kaffees auf diesen übertragen worden.
Nach Äthiopien allgemein und nach Kaffa im besonderen ist das Wort „qahwa“ erst viel später eingewandert, als der Kaffee als Getränk in den arabischen Ländern bereits allgemein bekannt war. Lateinisch wurde der Kaffee „Coffea“ genannt, und dieses Wort hat sich in allen Ländern in verschiedener Schreibweise durchgesetzt.
Für das Wort Kaffeebohne ist man versucht, seinen Ursprung auf das äthiopische Wort „bun“ zurückzuführen. Aber auch diese Ableitung muß man als unwahrscheinlich bezeichnen, da „Bohne“ ein altdeutsches Wort ist und außer dem englischen „bean“ in keiner anderen Weltsprache für die Kaffeebohne verwendet wird. Als wahrscheinlich kann angenommen werden, daß das Wort „Bohne“ der Form des Kaffeesamens entsprechend entstanden ist, so wie die Bezeichnung Kaffeekirsche ohne jede Beziehung zum äthiopischen Wort „bun“ steht.

Mufti Gemaleddin empfahl in der Mitte des 15 Jahrhunderts den Derwischen den Kaffee als anregendes Getränk zu ihren Gebeten

# Die Verbreitung des Kaffeebaumes

Wie über den Namen des Kaffeebaumes und dessen Früchte nur Legenden gewisse Aufschlüsse geben können, so sind auch über seine Herkunft verschiedene Ansichten vertreten.

Allgemein wird angenommen, daß das Ursprungsland des Kaffeebaumes Äthiopien (Kaffa) ist, wo er schon im 9. Jahrhundert erwähnt wurde. Es wird auch die Vermutung ausgesprochen, daß der Kaffeebaum schon viel früher in Arabien bekannt, aber nicht genutzt war. Ob vielleicht mohammedanische Pilger die Pflanze von Äthiopien nach Arabien mitbrachten, ob, nach einer anderen Version, persische Einwanderer die Überbringer waren, oder ob schwarze Christen von Westen her, aus Afrika, die erobernd über das schmale Meer zogen und in Arabien, insbesondere in Jemen einfielen, den Kaffeestrauch mitführten. Der Kaffee, erstmals genutzt, wurde hier in Arabien als strenges Geheimnis gehütet und jegliche Ausfuhr aus dem Lande untersagt.

Es dauerte denn auch bis um das Jahr 1600, bis Portugiesen und Holländer den Kaffee nach Ceylon bringen konnten. In der gleichen Zeitepoche führte ein Muselmane, der Pilger Baba Budan, Samen des Kaffeebaumes nach Indien (Malabar) aus. Von hier aus fand die Pflanze den Weg 1699 durch Hendrik Zwaardekroon nach Java. Die Wanderschaft des Kaffebaumes war von nun ab sichergestellt. Vorerst führte sein Weg durch den Gouverneur van Hoorn 1706 in die Treibhäuser von Amsterdam, von wo aus er bald auch in anderen europäischen Glashäusern Einzug hielt. Ein Kaffeebaum wurde dem französischen König Ludwig XIV. zum Geschenk gemacht, welcher der Pflanze ein speziell dafür gebautes Gewächshaus im Jardin des Plantes in Paris zur Verfügung stellte. Die Jungpflanzen aus dieser Züchtung verhalfen dem Kaffee zu seinem Siegeszug in die Anbaugebiete der Welt.

Eine bekannte und hübsche Geschichte von der Reise eines Kaffeepflänzchens ist diejenige des französischen Kapitäns Gabriel Mathieu de Clieu. Dieser kam unter schwierigen Umständen und auf heiklen Umwegen in den Besitz einer der französischen Zuchtpflanzen, welche er 1723 nach der Insel Martinique ausführte. Zu diesem Zwecke baute er für das junge Pflänzchen ein kleines Glashaus, um dieses auf der strapaziösen und langen Schiffsüberfahrt vor Wind und Regen und allzu starker Sonneneinwirkung zu schützen. Neben diesen wetterbedingten Gefahren mußte er sein Bäumlein auf der Fahrt Tag und Nacht vor Neidern behüten. Die stürmische und allzulange, schwere Seereise führte zu einer großen Wasserknappheit, so daß er, wie er selber ausführt, gezwungen war, die kleine ihm zugeteilte Wasserration mit seinem Pflegekind mehr als einen Monat lang zu teilen. Endlich in seinem Heim auf Martinique angekommen, pflanzte er das Bäumchen in seinen Garten, wohlbeschützt von stachligen Büschen und einer ständigen Wache, bis die Pflanze Früchte zu tragen begann und Clieu mit seinen Kulturen beginnen konnte. Diese Anlagen bildeten den Ursprung des Kaffeeanbaus in den französischen Kolonien und dann überhaupt in Süd-

Ecuador
Bolivien
Costa Rica
Puerto Rico
Salvador
Panama
Rhodesien
Paraguay
Peru
Guadeloupe
Kuba
Guatemala
Franz. Ecuatorial Afrika
Natal
Hawai
Kenya
Congo
Brasilien
Franz. Guinea
Haiti
Domingo
Indien
Goa
Mauritius
Madagascar
Angola
Sumatra
Jamaika
Martinique
1713
Paris
1715
Bourbon
Indo China
Tahiti
Venezuela
Mexico
1706
Amsterdam
Philipinen
Java
1740
Surinam
1690
Sumatra
1718
Ceylon
Malabar
Mauritius
1717
Bourbon
1717
Jemen
Arabien
Aethiopien

Im Jahre 1723 brachte der französische Kapitän Gabriel Mathieu de Clieu ein Kaffeepflänzchen auf die Insel Martinique und begründete damit den Kaffeeanbau in Süd- und Mittelamerika

und Zentralamerika. Fünfzig Jahre später, 1777, waren aus der Mutterpflanze auf der Insel Martinique insgesamt 18 Millionen Kaffeebäume hervorgegangen.
Von diesen Pflanzen stammen die Kaffeeplantagen auf Jamaika (1732), in Mexiko (1740/44), Venezuela (1784) und auf den Philippinen (1744).
Ebenfalls aus französischen Kulturen in Paris stammen die Pflanzungen auf Sumatra von 1714, in Französisch-Guayana von 1715, Haiti und Santo Domingo von 1720 bis 1724, welche als Stammpflanzen für ganz Mittelamerika angesehen werden können.
Das heute noch größte und wichtigste Anbaugebiet, Brasilien, wurde durch Pflanzen aus Sumatra und Neuguinea 1727 aufgebaut und erstreckte sich von Para aus bis Rio de Janeiro, Sao Paulo und Bahia.
Aus dem Stammhaus in Paris führte der Weg zu weiteren Anlagen in Indien, Goa, Kenya, Tanganyika (Tansania), Uganda, Angola, Kongo, Mozambique und Madagaskar.

# Die Verbreitung des Kaffees als Getränk

Die Wanderung des Kaffegetränkes hängt eng zusammen mit der Ausbreitung des Islams über Nordafrika, den Süden Europas und Südasien und der Machtentfaltung des Osmanischen Reiches unter Osman I. um 1300. Er verhalf durch seine Kriegszüge dem Islam und damit dem Kaffee zu seinem Siegeszug. Die Anziehungskraft der Kaaba, des Heiligtums der Mohammedaner in Mekka, war in jenen Zeiten außerordentlich groß, und die Gläubigen brachten auf ihrer Rückreise die Kunde von dem schwarzen Trank in ihre Heimat mit.
Die ersten Kaffeehäuser treffen wir deshalb schon im 15. Jahrhundert in Mekka. Hier fand man sich zusammen, um sich gegenseitig über die Ereignisse des Tages, über Familiengeschichten und Staatsgeschäfte zu informieren und zu unterhalten. Daß die Freude am Kaffee damals schon große Kreise zu fesseln vermochte, bewies das erste Eingreifen des Staates. Um 1511 war der junge und erfolgssüchtige Kair-Bey in Mekka im Namen des Sultans von Kairo Statthalter. Ihm mißfielen diese Zusammenrottungen, bei denen, angefeuert durch den Kaffee, seine Untertanen sich zu lebhaft über die damaligen Zeitumstände unterhielten und dadurch, nach Meinung von Kair-Bey, eine ernstliche Gefahr für die herrschende Schicht bildeten. Als er eines Abends nach dem Gottesdienst die Moschee verließ, sah er in einer Ecke einige Leute, die sich anschickten, die Nacht hier zu verbringen, und, wie in der ganzen Stadt üblich, dabei Kaffee tranken. In seinem Unwillen jagte er die Leute aus der Moschee. Am anderen Morgen versammelte Kair-Bey um sich Rechtsgelehrte, Offiziere, Physiker und Priester, um mit ihnen über die Zulässigkeit des Kaffees gegenüber den Lehren des Islams zu beraten. Nach hitziger Diskussion für und gegen den Kaffee siegten die Gegner, und das Getränk wurde als gegen den Koran verstoßend erklärt.
Am nächsten Tage wurden alle Kaffeehäuser geschlossen und angeordnet, daß aller Kaffee, der bei Händlern gefunden wurde, öffentlich verbrannt werden müsse, die noch aufgestöberten Kaffeetrinker mit schweren Strafen belegt werden sollten. Die getroffenen Maßnahmen mußte der Gouverneur dem Sultan von Kairo melden. Dieser aber, selbst ein begeisterter Kaffeetrinker, beriet die Angelegenheit mit seinen Gelehrten, die natürlich mehr Gewicht hatten als diejenigen von Mekka, und diese kamen einhellig zum Schluß, daß im Gesetz gar nichts zu finden sei, was den Verzehr von Kaffee verbieten könnte, und eine Woche später war Kair-Bey gezwungen, seinen Erlaß als ungültig zu erklären. Er und seine Gesinnungsgenossen fanden ein tragisches Ende. W. H. Ukers schreibt zum Schluß dieser Episode: „Das Interessanteste in der Geschichte des Kaffees ist, daß überall, wo er eingeführt wurde, er Revolutionen hervorgebracht hat. Er ist der radikalste Trank, und seine Funktion war immer, das Volk denken zu machen. Und wenn das Volk beginnt zu denken, wird es Tyrannen und Gegnern der Freiheit gefährlich."
Von den türkischen Kaffeehäusern schildert der Schweizer Johann Jacob Amman 1618 in seiner „Reise

Die ersten Kaffeehäuser entstanden im 15 Jahrhundert in Mekka.

nach dem gelobten Land“ den Brauch des Kaffeetrinkens, wobei er auch schon Gerste erwähnt, vermutlich um den damals für das Volk sehr teuren Kaffee zu strecken: „Auch haben die Türgken noch andere Wirtshäuser, darinnen die Wirt nit anders geben als schwartz wasser zu trinken, weliches mehrntheils, wie ich berichtet von gersten gemacht, und kochen gantz kessel voll, pflegens den gesten in kleinen irdinen schüsslen oder Purtzelanen siedet heiss zu geben, da trinkt es die Türgken, wie auch die Araber so warm sie immer können ein schlücklein auf ein mal. Ist gar ein gemeiner brauch bey jenen dies schwartz wasser zu trincken, under tags wie auch morgens und abends etwan bey 50 mehr und minder, sitzen da und dort beysammen, wäret oft lang, wird aber keiner von dem gedachten wasser truncken: vermeinen es tröchne die flüss auf und seye gar ein gesundes wasser.“
1554 wurde das erste Kaffeehaus in Konstantinopel unter der Herrschaft Suleimans II. eröffnet, und damit hatte der Kaffee in Vorderasien Eingang gefunden. Doch in Europa und der übrigen Welt war er noch völlig unbekannt. Erst um die Mitte des 16. Jahrhunderts kamen die ersten Publikationen über Kaffee durch Reisebeschreibungen nach Europa.
Venedig, der berühmte Verbindungshafen, kannte den Kaffee seit 1615 und wurde der erste Stützpunkt im christlichen Europa. 1645 soll dort das erste Kaffeehaus eröffnet worden sein, und gegen Ende des Jahrhunderts war das Kaffeetrinken in Italien in wohlhabenden Kreisen üblich. Die weitere Ausbreitung des Kaffees im Lande führte aber wiederum zu kirchlichen Widerständen; christliche Fanatiker forderten Papst Clemens VIII. auf, den Trank des Satans mit dem Kirchenbann zu belegen, so wie die Moslems den Wein für ihre Gläubigen verboten hatten. Wie die Geschichte berichtet, wünschte der Papst den Teufels trank selbst kennenzulernen. Man brachte ihm eine Tasse des duftenden, schwarzen Gebräus, und sein Aroma begeisterte das Kirchenoberhaupt derart, daß er sogar die ganze Tasse leer trank. „Dieser Trank ist köstlich“, sagte der Papst, „es wäre eine Sünde, diesen nur den Ungläubigen zu überlassen. Wir wollen den Satan bezwingen, indem wir den Trank taufen, um ihn so zu einem wahren Christengetränk zu machen.“ Mit dem päpstlichen Segen bestärkt, dehnten sich die Kaffeehäuser Ende des 17. und Anfang des 18. Jahrhunderts auf ganz Italien aus, und dieses Land kann deshalb die Ehre beanspruchen, der westlichen Welt das eigentliche Kaffeehaus gegebe zu haben. Bald waren alle Schenker rund um den Markusplatz in Venedig Cafés, wo sich die Venezianer zu allen Tageszeiten trafen. Am Morgen kamen die Handelsleute, die Rechtsgelehrten, die Physiker, Makler, Arbeiter und das fahrende Volk, mittags und bis spät in die Nacht die Müßiggänger, eingeschlossen die Damenwelt. Der größte Teil der Cafés waren einfache, ungeschmückte Räume, meist ohne Fenster und mit nur spärlicher Beleuchtung. Kein anderes Kaffeehaus in Europa erlangte derartige Berühmtheit wie das Café Florian. Florian war der Freund des Bildhauers Canova, er war der freundliche Agent und Berater für alle Besucher von Venedig.
Berühmt war das schöne Kaffeehaus in Padua, das Café Pedrocchi. Pedrocchi war ein Getränkehändler, der, um der Jugend Freude zu bereiten, ein sehr altes Haus kaufte und dieses umbaute. Zu seiner Überraschung konnte er feststellen, daß das Haus auf den Mauern einer alten Kirche mit wertvollen Schätzen errichtet worden war. Das Café Pedrocchi ist eines der wertvollsten

Venedig – Verbindungs im 17. Jahrhundert

Ab 1615 importiert die Flotte der Republik Venedig den ersten Kaffee nach Europa

Architekturdenkmäler in Italien im 19. Jahrhundert geworden.
Auch in anderen Städten Italiens, hauptsächlich in Rom, Florenz, Genua sowie in Mailand, wurden sehr bekannte Kaffeehäuser betrieben.
Lange Jahre bildete das Café del Greco in Rom den Treffpunkt von Künstlern und Gelehrten. Goethe, Liszt, Wagner, Byron, Gogol und Mendelssohn waren hier zu Gast. Letzterer schrieb 1830 an seinen Vater: „Es ist ein kleines, finsteres Zimmer, etwa acht Schritt breit, und auf der einen Seite der Stube darf man Tabak rauchen, auf der andern aber nicht. Da sitzen sie dann auf den Bänken umher, mit breiten Hüten auf. Hals und Backen, das ganze Gesicht mit Haaren zugedeckt, machen sie einen entsetzlichen Qualm, sagen einander Grobheiten. Was der Bart vom Gesicht frei läßt, das verdeckt die Brille, und so trinken sie Kaffee und sprechen von Tizian und Pordenone."

Bevor wir auf nähere Details eingehen, möchten wir chronologisch die Eröffnung von Kaffeehäusern in Europa darlegen.

| | | | |
|---|---|---|---|
| Venedig | 1645 | Paris | 1675 |
| London | 1652 | Hamburg | 1679 |
| Marseille | 1659 | Wien | 1683 |
| Den Haag | | Leipzig | 1694 |
| und | | Stuttgart | 1712 |
| Amsterdam | 1663 | Berlin | 1721 |

Die Zusammenstellung zeigt uns, mit welcher Geschwindigkeit das duftende Getränk Europa erobern konnte, wobei man bedenken muß, daß die Eröffnung der Kaffeehäuser die Einführung des Kaffees im öffentlichen Ausschank bedeutet und anzunehmen ist, daß er in den Königshäusern und in der wohlhabenden Gesellschaft schon vor dieser Zeit begeisterten Anklang gefunden haben muß.
Wir wollen, unabhängig von diesen Jahreszahlen, nochmals zurückblättern auf das Osmanenreich. Wie wir gesehen haben, hat der Islam dem Kaffee in Vorderasien und im östlichen Mittelmeer den Weg bereitet. In ihren „Glaubenskriegen" drangen die islamischen Türken weit nach Westen in das Herz Europas vor. Nachdem sie schon 1529 Wien vergeblich belagert hatten, machten sie Ende des 17. Jahrhunderts noch einmal einen gewaltigen Angriff in Richtung Wien, und es gelang ihnen auch dieses Mal, bis zur Hauptstadt vorzustoßen und sie in bedrohlicher Weise einzukreisen. In dieser Phase beginnt nun eine legendäre Kaffeegeschichte, über die folgender Text Auskunft gibt:
„Das heldenmütige wiewohl gefährliche Unterfangen des Herrn Georg Frantzen Kolschitzky, welcher Gestalt derselbe, in ängstlicher türckischer Belagerung der Kayserlichen Haupt- und Residentz-Stadt Wienn in Oesterreich, durch das feindliche Lager gedrungen und die erste Kundschaft zur Kayserlichen Haupt-Armata, wie auch von dar wieder zurückgebracht habe, anno 1683."
Diese heldenhafte Tat des gebürtigen Ungarn und türkischen Dolmetschers führte zum gleichzeitigen Angriff der Entsetzungstruppen unter Herzog Karl von Lothringen und der Besatzung der belagerten Stadt. Die Türken, von zwei Seiten angegriffen, wurden völlig überrumpelt und vernichtend geschlagen. Fluchtartig traten sie den Rückzug an, sie wurden damit endgültig aus Mitteleuropa vertrieben. Den siegreichen Heeren aber fiel eine ungeheure Beute unversehrt in die Hände, darunter auch 500 Säcke Kaffee.
Für seine großen Verdienste überreichte die Stadt Wien Kolschitzky das Bürgerrecht der Stadt und auf seinen Wunsch die Kaffeebeute – mit der die Wiener nichts anzu-

fangen wußten und sie für Kamelfutter hielten – mit der gleichzeitigen Erlaubnis, ein Kaffeehaus in der Stadt betreiben zu dürfen.
Damit war das erste Kaffeehaus „zur blauen Flasche“ in Wien eröffnet. Kolschitzky aber mußte die Wiener zuerst an das fremdartige Getränk gewöhnen, das heißt, er mußte die türkische Art, Kaffee zu bereiten, dem Wiener Geschmack anpassen. Dem durch ein Sieb von dem gräßlichen Satz befreiten Kaffeetrank nahm er die Herbheit durch Zusatz von Honig und gab ihm Milde durch eine kleine Zugabe von Milch und Rahm. Damit ist die „Melange“ erstmals in Erscheinung getreten, eine liebliche Fassung des feurigen Kaffees.
Die Türken haben die Schlacht um Wien verloren, mit ihrem Lieblingsgetränk aber haben sie die Welt erobert und als Erinnerung an diese Zeit zur Melange den halbmondförmigen Gipfel oder Kipfel hinterlassen.
Wien wird oft als die Mutter der Kaffeehäuser bezeichnet. Wenn auch Wien altersmäßig nicht als Mutter angesehen werden kann, da damals schon in verschiedenen Städten Kaffeehäuser in Blüte standen, so kann dieser Ausdruck doch in dem Sinne verstanden werden, daß hier ein Typ entstanden ist, der die Kaffeehäuser in aller Welt attraktiv und gemütlich werden ließ.
Aber nicht nur die Getränke oder die Kipfel waren es, die den Wiener in sein Café zogen. Es war der Ort, wo er seine Freunde oder Gleichgesinnte traf und Geschäfte abwickeln konnte, wo aber auch seine eigene Person zur Geltung kam. Jeder Wiener hatte sein Kaffeehaus, wo er bekannt und geschätzt war und wo er mit seinem vollen Titel, ob Freiherr, Doktor oder Professor, weitum vernehmlich empfangen wurde. Das Café bot auch Unterhaltung, Musik und, was am meisten geschätzt wurde, Dutzende von Zeitungen und Zeitschriften in vielen Sprachen, und jeder suchte das ihm liebe Journal zu ergattern.
Eine spezielle Anziehungskraft muß dem Billard zugebilligt werden.
Dazu ist besonders der Kaffeehauskellner zu erwähnen. Dieser konnte nicht nur mit Charme die Kaffeetassen auftragen, sondern wußte sehr wohl mit dem Billardstock umzugehen, wenn ein Partner fehlte; er notierte und zählte die Punkte und bekam aus dieser Beschäftigung den Namen „Marqueur“, der auch in der weiten Welt Anklang fand.
Dieser Marqueur muß auch sonst mit Würde seines Amtes gewaltet haben, denn wie Jona Bach schreibt: „Es lag Stil und Größe darin, wenn er einem Passanten, der nach 20 Jahren wieder einmal auftauchte, dieselbe Zeitung unaufgefordert in die Hand gab, die jener als Jüngling begehrt hatte.“
Sicher ist aber, daß die Wiener Kaffeehäuser mit ihrer umfangreichen Auswahl an Kaffeegetränken auch heute noch allen anderen Cafés voraus sind. Schwierig ist es für den Nicht-Wiener, wenn er entscheiden soll zwischen einer Schale Gold, Braun oder Schwarz, dem Kapuziner, ob er ein Melange oder Kaisermelange, einen Einspänner oder einen Doppelspänner verlangen soll, und das alles ohne oder mit „Schlag“ und „Obers“.
Die Geschichte, die Jacob vom Café Fenstergucker erzählt, bringt die Zusammengehörigkeit von Wirt und Kunde sehr gut zum Ausdruck, als der Vater Scheidl mit seinem Kaffeehaus umzog: „Er hatte, so lang als es irgend anging, seinen Gästen die Tatsache verschwiegen, mindestens den genauen Termin. Eines Nachts trat Vater Scheidl behutsam vor jeden einzelnen Gast, ermahnte ihn, das Billardqueue fest in die rechte Hand und die Kugel in die Linke zu nehmen, die Tarockspieler forderte

A·S 1668

Kaffeehaus in London um 1705

er auf, das ganze Blatt fest anzufassen und sich durch nichts erschüttern zu lassen. Denn gleich werde etwas geschehen ... Da war es zwölf Uhr, da ging das Licht aus. Die Türen zur Straße sprangen auf. Ein fackelbeleuchteter Möbelwagen lud die geehrten Stammgäste ein. Aber nach kaum 5 Minuten lud der Wagen sie wieder aus. Ein lichterglänzender runder Saal nahm die Überraschten auf, wo jeder wohlgemut fortsetzen konnte – nun gleichsam im Himmel lebend – was er auf Erden begonnen hatte."

Aber auch in Wien mußte sich der Kaffeeausschank den staatlichen Verordnungen beugen. In Wien gab es nach Kolschitzkys Tod nur vier offiziell anerkannte Kaffeesieder, die eine Art Zunftrecht besaßen, das ihnen von Kaiser Leopold I. im Jahre 1700 namentlich zugestanden worden war. Die Lust, Kaffee zu trinken, war aber so stark geworden, daß Kaiser Karl VI. dieses Privileg 1714 auf elf und 1730 bereits auf dreißig Kaffeehäuser ausdehnen mußte und Maria Theresia 1750 den Branchenstreit zwischen den verbrieften Rechten der Wasserbrenner und der Kaffeesieder insofern schlichtete, als sie beiden Zünften erlaubte, sowohl Schnaps als auch Kaffee auszuschenken. 1839 waren es in der Stadt Wien bereits achtzig, wozu noch fünfzig Kaffeehäuser in den Vororten gezählt werden müssen.

Bekannt waren im alten Wien das luxuriöse Café Milani, als Treffpunkt der Politiker das Café Rebhuhn und als Poetenquartier das Café Kramer, das „Neuner" kreierte ein separates Damenzimmer, und der Begriff der Güte muß auch dem Café Sacher it seinen berühmten Torten zugeschrieben werden.

Wenn wir die Jahreszahlen der Gründung der Kaffeehäuser betrachten, stellen wir mit Erstaunen fest, daß nach Italien als nächstes Land England vom Kaffee besiegt wurde. Mit Erstaunen, weil England uns immer als das klassische Teeland vorgestellt worden ist. Aber diese Sitte ist erst durch den überseeischen Besitz von Indien aufgekommen. Von der Mitte des 17. Jahrhunderts an waren die Briten während fast einhundert Jahren bevorzugte Kaffeetrinker. Zu dem Erfolg des Kaffees halfen insbesondere die Ärzte mit. Sie wollten dem übermäßigen Alkoholkonsum entgegentreten, der in großen Städten viel Unheil und Ärger anrichtete. Und der Kaffee hatte gesiegt, London wurde eine Stadt der Kaffeehäuser.

1652 hatte der britische Handelsmann Daniel Edwards Kaffee und den griechischen Juden Pasqua Rosee aus Smyrna mit nach London gebracht. Täglich bereitete Pasqua seinem Herrn seinen Kaffee. Das neue Getränk fand bei den Freunden Edwards so großen Anklang, daß sich dieser des immer größer werdenden Besucherkreises nur dadurch entziehen konnte, daß er seinem Diener Pasqua ein öffentliches Kaffeehaus bei der St.-Michaels-Cornhill-Kirche einrichtete, das sich alsbald großen Zuspruchs erfreute. Pasqua Rosee siedelte später nach Holland über und gründete dort ein eigenes Kaffeehaus.

Schon früher hatte der englische Mediziner Harvey, der Entdecker des Blutkreislaufes, durch seine Anpreisung, vom Kaffee stamme Glück und Geist, den Boden für Pasqua Rosee gepflügt.

Groß war der Andrang der Männlich-keit zu diesen Kaffeehäusern, wo erstmals die beliebten Clubs in England entstanden, aber groß war auch die Entrüstung der Frauen, die sich durch den Kaffee von ihren Männern vernachlässigt fühlten. Einmalig in der Geschichte des Kaffees ist eine Veröffentlichung der Londoner Frauen 1674 in der bekannten „Women's Petition

against Coffee", in welcher die Argumente über die große Schädlichkeit für die Sexualität bei übermäßigem Genuß des schwächenden Getränks dargelegt werden und die unterschrieben ist von den Hütern der Freiheit der Venus.
Aber noch im selben Jahr kam prompt die „Men's Answer to the Women's Petition against Coffee", in welcher der Wert des Kaffeegetränkes hervorgehoben und gegen die unwürdige Verleumdung in dem skandalösen Pamphlet gewettert wird.
Die Auflehnung der Frauen hatte indes keinen Einfluß auf den Siegeszug des Kaffees. Venus mußte dem stärkeren Merkur, dem Schutzherrn der Kaufleute, weichen. Aber von staatlicher Seite drohte dem Kaffee eine viel stärkere Einschränkung. Die Unruhe des Volkes suchte Charles II. in scheinbar logischer Weise dem Kaffeegenuß zuzuschreiben, nicht eingedenk dessen, daß schon viel früher in Mekka ein Herrscher mit einem Verbot des Kaffees den Volkszorn nur noch stärker geschürt hatte. Die königliche Verfügung zur Schließung der Kaffeehäuser vom Dezember 1675 mußte er, was in der englischen Geschichte noch nie vorgekommen war, innerhalb weniger Wochen widerrufen. Der Kaffee und mit ihm die persönliche Freiheit der Bürger hatten gesiegt.
Die Kaffeehäuser in London waren das Zentrum für Witz und Gelehrsamkeit, sie wurden allgemein als „penny universities" bekannt, da sie als die große Schule der Unterhaltung angesehen wurden und der Eintritt ein Penny betrug. Twopence war der übliche Preis für einen Tisch mit Kaffee oder Tee, der zudem überdeckt war mit Zeitungen und Zeitschriften.
Das später bekannteste Kaffeehaus an der Tower Street erwarb 1688 Edward Lloyd. Er richtete darin einen einfachen Aufenthaltsraum für Seefahrer und Kaufleute ein. Aus dem handgeschriebenen Verzeichnis der Schiffe, die im Hafen einfuhren und das für die Versicherungsleute aufgelegt wurde, entstand später die Royal Exchange Lloyds, das größte Versicherungsunternehmen der Welt.
Daß der Kaffee in Frankreich, dem Lande des Weines und der Liebe, anfangs einen harten Kampf durchzufechten hatte, wird niemanden verwundern. Wieder war es eine Hafenstadt, Marseille, welche der Ausgangspunkt der Kaffee-Invasion sein sollte.
Monsieur de la Roque brachte 1644 von einer Reise nach Konstantinopel die ersten Kaffeebohnen mit nach Hause und setzte seine Feunde mit dem fremdländischen Getränk in Erstaunen. Aber es sollten noch einige Jahre vergehen, bis der Kaffee in größeren Mengen auch der breiten Öffentlichkeit zugänglich gemacht werden konnte. Schon früher hatte Jean de Thevenot in seiner „Orientreis" den Kaffee als beglückendes Getränk seinen Mitbürgern empfohlen.
Wie zu erwarten war, entstand in den Weinbauern eine heftige Gegnerschaft, die auch von den Ärzten lebhaft unterstützt wurde. Diese erklärten den Kaffee als Gift, und er dürfe somit nur in Apotheken verkauft werden.
Dies hat aber der Verbreitung des Kaffees weniger geschadet als das erst kurz zuvor in die französische Sprache übersetzte Buch von Adam Olearius Ascanius „Vermehrte Newe Beschreibung der Muskowiitischen und Persischen Reyse", in welcher folgende Sage geschildert wird: „Die Persianer schreiben von einem Persischen Könige, Sultan Mahumed Kasin, welcher vor des Tamerlanes Zeiten in Persien regieret hat, daß derselbe an den Koffi-Trank sich so sehr gewehnet, daß er auch seines Ehegemahls darbey vergessen und

Paris macht 1669 Bekanntschaft mit dem Kaffee durch die Ankunft Soliman Aga, dem Gesandten des türkischen Sultans.

vor dem Beyschlaf einen Eckel bekommen habe, welches die Königin übel empfunden. Dann als sie einstmahls im Fenster gelegen und gesehen, daß man einen Hengst zu Wallachen niedergeworfen, habe sie gefragt, was das bedeuten solle, und da man ihr mit verblümten Worten vorbrachte, wie man dem Pferde die Wollust und den Muthwillen benehmen wollte, daß es nicht auf andere springen oder sich an die Stuten kehren sollte, habe sie vermeinet, es wäre dies alles nicht nöthig, man solle ihm nur das Koffi-Wasser zu trinken geben, so würde er dem Könige bald gleich werden."
War es nicht mehr als verständlich, daß die Frauen von Marseille dem Kaffee den Kampf ansagten? Die kinderreiche, glanzvolle Stadt sollte nicht aussterben, aber dem Gerücht über den Kaffee als Feind der Venus war mit allen wissenschaftlichen Argumenten nicht beizukommen.
Der Ausgang dieses Streites war für den temperamentvollen Süden Frankreichs klar, der Kaffee unterlag. Die Marseiller Frauen überließen es den Parisern, den Kaffee nochmals zu entdecken und den Beweis zu erbringen, daß der Kaffee – wie der Wein – sich recht gut als Freund der Venus vertrage.
Am Hofe Ludwigs XIV. hatte der türkische Botschafter Soliman Aga 1669 mit viel Pomp und orientalischem Gepräge den Kaffee eingeführt. Nur langsam wurde das Kaffeetrinken vom Volke angenommen, und vorerst waren es Straßenverkäufer, die dem Bürger das Getränk schmackhaft zu machen suchten.
Dies änderte sich mit einem Schlag, als zwanzig Jahre später der Florentiner Procope Cultelli das Café de Procope gegenüber der alten Comedie Francaise im Faubourg St. Germain eröffnete, das nun während zweihundert Jahren das Vorbild aller Pariser Kaffeehäuser werden sollte. Im Gegensatz zu früheren Kaffeehäusern schuf Procope Bequemlichkeit und Glanz durch Spiegel, Kristall, Porzellan un Marmor. Den Kaffee servierte er mit Milch, Schokolade, Likör und Eis, Backwerk und Süßigkeiten. Der Erfolg war überzeugend, denn in kürzester Zeit war sein Café Treffpunkt vieler berühmter Geister und Gelehrter Frankreichs.
Große Anziehungskraft hatte auch das Café de la Regence, und später konnte das Café de la Paix den Ruhm des bekanntesten Cafés der Welt für sich in Anspruch nehmen.
Bevor wir das Kapitel über die Ausbreitung des Kaffeegetränkes in Frankreich abschließen, müssen wii noch eines seiner größten Söhne, Napoleons, gedenken. Ihm werden, als begeistertem Anhänger des Kaffees, die Worte zugesprochen: „Kaffee, stark und reichlich, macht mich munter, verleiht mir Feuer, ungewöhnliche Stärke und Tatendrang."
Auf seinem abenteuerlichen Feldzüg nach Ägypten soll er am Abend vor der Schlacht bei Akkon sich zu der Äußerung verstiegen haben: „Wenn alles gelingt, mache ich mich zum Pascha von Syrien, marschiere auf Damaskus, Konstantinopel und entwurzle das türkische Reich. Ich stifte im Orient ein neues Imperium, das meinen Ruhm für die Nachwelt begründet." Später soll er gestanden haben „Sieben Kaffeekannen hatte ich stets auf dem Feuer, um mit den Türken zu diskutieren, die mich durch Religionsgespräche ganze Nächte wach erhielten."
Aber seine Kaffeephantasien sollten nicht Wirklichkeit werden, er selbst sollte seinem Lieblingsgetränk schweren Schaden zufügen. Mit seiner Kontinentalsperre vom 21. November 1806 gegen England, an der sich neben Frankreich und seinen Verbündeten bald auch Rußland beteiligte, wurde England von Europa abgeschnitten. So blockierte

Café Procope, Paris, im 18. Jahrhundert. Stich von Badoureau nach M. Kretz

er ganz Europa von der übrigen Welt, da England die Meere beherrschte. Europa war auf sich selbst angewiesen. Damit blieb auch die Einfuhr des beliebten Kaffees aus. Napoleon empfahl den Kaffeefreunden, sich mit Zichorie zu begnügen.

Während dieser Kontinentalsperre wurde auch der Kaffee verboten. Eine Anekdote erzählt, daß der Kaiser zu dieser Zeit einmal durch ein französisches Dorf ritt, in dem es deutlich nach frisch geröstetem Kaffee roch. Napoleon folgte dem Duft und gelangte zum Pfarrhaus, wo der Pfarrer gerade an der Arbeit war und sich durch die Frage, was er mache, nicht aus der Ruhe bringen ließ. „Das gleiche, was Eure Majestät machen“, antwortete er und drehte die Kurbel der Röstmaschine eifrig weiter, „ich verbrenne Kolonialwaren.“

Daß die Schweiz, die sich zwar schon in den frühen Jahrhunderten eine politisch recht eigenständige Verfassung gegeben hat, sich der Kaffeeflut nicht widersetzen konnte, ist leicht begreiflich. Wie zu erwarten, hat von Frankreich aus die Einwanderung des Kaffees in die Schweiz begonnen. Schon im 17. Jahrhundert erhalten wir Kunde von Kaffee in den Grenzkantonen Genf, Neuenburg und Basel. Im 18. Jahrhundert finden wir Kaffeehäuser in allen größeren Städten der Schweiz.

Auch in der Schweiz hatte der Kaffee große Widerstände zu überwinden, wie wir z. B. aus einer Bekanntmachung der Canzley Basel aus dem Jahre 1769 entnehmen können:

„... Da wir aber zu Unserem besonderen Mißfallen vememmen müssen, daß ein anderes, einer guten Haushaltung und der Gesundheit nicht minder nachtheiliges, sonderlich aber die nöthigen Leibeskräfften schwächendes Übel, nem-

lich der Mißbrauch des Kaffeetrinkens under Unserem Landvolke dermaßen eingerissen, daß sich davon schon bey vielen die schädlichen Würkungen erzeiget; so hat Unsere landesväterliche Sorge für das Wohl Unserer Underthanen Uns nicht erlaubet, diesen in alle Weeg so schädlichen Mißbrauch auf der Landschaft stärker einreißen zu lassen, sonders Uns bewogen, demselben Einhalt zu thun.
Wir verbieten demnach allen und jeden Unseren Underthanen und Landleuten (außer denen Wirten für die Reisende), den Gebrauch und das Trinken des Kaffee, es sey mit Milch, oder pur, bey einer Strafe von fünf Pfunden für das erste Mal des Darwiderhandelns, und bey doppelter Strafe für das zweyte Mal."

Diese für damalige Zeiten recht hohe Strafe ist ein typisches Beispiel für die Herrschaft der Stadt über die Landbevölkerung. Denn dieses „die Leibeskräfte schwächende Übel" war nur für die Underthanen und Landleute verboten, nicht aber für die Bürger der Stadt. Und charakteristisch für die Schweiz als Reiseland, ist es den Wirten erlaubt, die Reisenden der „schädlichen Wirkung" des Kaffees auszusetzen.

Wenn wir auf die holländischen Kaffeehäuser zu sprechen kommen, müssen wir nochmals einen Blick zurückwerfen, um die große Bedeutung zu erfassen, welche den Niederlanden bei der Ausbreitung und dem Siegeszug des Kaffees zukommt.

Die Portugiesen, einst die mächtigste Seemacht der Alten Welt, hatten mit der Eroberung der halben Erde viel zum Ruhm ihrer Nation beigetragen, aber die Ausdehnung ihrer Ländereien überstieg die Kraft des Mutterlandes. Die geschäftstüchtigen Holländer übernahmen nicht nur einen großen Teil dieser Eroberungen, sondern beherrschten Ende des 17. Jahrhunderts mit ihrer großen Flotte – sie soll 1685 über 16 000 Einheiten (England 3 500) betragen haben – auch die Meere. Die 1602 gegründete Ostindische Kompanie übernahm das Erbe der Portugiesen. Inzwischen hatte die Freude am Kaffeetrinken Westeuropa ergriffen, und, obwohl der Anbau in Arabien Ausmaße erreicht hatte, welche die heutige Produktion weit überschritten, vermochte er der Nachfrage nicht mehr zu genügen.

Europa aber mußte Kaffee haben. Die Importware schluckte natürlich Unmengen von Devisen, was zur Einschränkung der Einfuhr oder zu beträchtlicher Besteuerung führen mußte, oder aber die Kaffeekultur mußte in eigene Regie genommen werden.

Die Kaffeepflanze setzte sich auf die Wanderschaft, und zu diesem Zwecke brauchte man Schiffe. Die Schiffe aber besaßen die Holländer, und sie waren es nun, welche die selbstgezüchteten Pflanzen in das nahe gelegene Ceylon und zur indischen Ostküste, nach Malabar, brachten. 1696 wurden auf der Insel Java die ersten Plantagenversuche unternommen, die jedoch durch eine Sturmflut vernichtet wurden, aber schon drei Jahre später gelang es endgültig, die Kaffeekultur in Nie-derländisch-Indien anzusiedeln. 1711 gelangte die erste große Ladung von 894 Pfund Java-Kaffee nach Amsterdam, und bald darauf hatte die niederländische Produktion diejenige der Mutterländer überflügelt.

Wir können daraus entnehmen, daß das Kaffeetrinken in den Niederlanden sehr früh eingesetzt haben muß, denn anders wäre das große Interesse an der Ausbreitung des Kaffees nicht erklärlich. Und trotzdem scheint es ein Ausländer gewesen zu sein, der das erste Kaffeehaus 1664 in Den Haag eröffnet hat, nämlich jener Pasqua Rosee, der

Holländisches Kaffeehaus. Stich nach einem Gemälde von Adriaen van Ostade (1610-1684)

hunderts anderes, um des Schmuggels – heute nicht mehr von Kaffee (aber auch das ist noch nicht lange her) – der Rauschgifte Herr zu werden, nur daß wir nicht arme Leute, sondern teure Spezialisten mit ihren dopierten Hunden für gezielte und gesicherte Ermittlung einsetzen.

Daß diese Verordnungen als skandalös und unwürdig empfunden wurden, ist nicht mehr als verständlich, und besonders wirkte der Umstand mit, daß mit dem Fachmann de la Haye 200 Franzosen als ober-ste Funktionäre eingesetzt worden waren, wodurch man sich schockiert fühlte. Doch möchten wir auch hier eine kleine Episode, als Lichtblick in diese Zeit, anführen. Franz Kugler erzählt in seinem Buch über Friedrich den Großen:

„Friedrich kam eines Tages die Jägerstraße heraufgeritten und fand in der Nähe des Fürstenhauses einen großen Volksauflauf vor. Er schickte seinen einzigen Begleiter, einen Heiducken, näher, um zu erfahren, was es da gebe. Sie haben etwas auf Ew. Majestät angeschlagen, war die Antwort des Boten, und Friedrich, der nun näher herangeritten war, sah sich selbst auf dem Bilde, wie er in höchst kläglicher Gestalt auf einem Fußschemel saß und, eine Kaffeemühle zwischen den Beinen, emsig mit der einen Hand mahlte, während er mit der anderen jede herausgefallene Kaffeebohne auflas. Sobald der König dies gesehen, winkte er mit der Hand und rief: .Hängt es doch niedriger, daß die Leute sich nicht den Hals ausrecken müssen!' Kaum hatte er die Worte gesprochen, als ein allgemeiner Jubel ausbrach. Man riß das Bild in tausend Stücken herunter, und ein lautes Lebehoch begleitete den König, als er langsam seines Weges weiterritt."

Und noch eine für das damalige Berlin sonderbare Einrichtung soll hier zur Sprache kommen. Unter dem Diktat Friedrichs des Großen waren in der Umgebung von Berlin kleine Höfe errichtet worden mit Acker- und Weideland. Um ihren kargen Verdienst zu verbessern, eröffneten die Bauern für die flanierenden Stadtbewohner in ihren Gärten Ruheplätze, in denen sie Erfrischungen mit Milch und Kaffee anboten. Dies war aber gegen die Verfügung der staatlichen Schankgerechtigkeit, und der Verkauf von Kaffee wurde verboten. Doch die Bauern wußten sich zu helfen, sie hängten an ihre Raststätten ein Schild: „Hier können Familien Kaffee kochen" und lieferten nur heißes Wasser und das nötige Geschirr. Das aber war nicht verboten. Auf diese Weise konnten die Berliner auf ihren Sonntagsausflügen ihre Körbe auspacken und den mitgebrachten Kaffee selbst angießen.

Nach dem Tode Friedrichs im Jahre 1787 wurde das Kaffeemonopol notgedrungen wieder abgeschafft.

Zwei Wirkungen auf den Kaffeehandel hat diese Episode jedoch ausgeübt. Einmal wurde durch das Dekret die Errichtung von „Brandhäusern" ausgelöst und damit die ersten gewerblichen Kaffeeröstereien geschaffen, und andererseits hatten unmäßige Kaffeepreise das Aufkommen von Kaffee-Ersatz, der Zichorie, veranlaßt.

Das berühmteste Kaffeehaus Berlins war das „Kranzler". Kranzler, ein gebürtiger Österreicher, hat das, was er seinen Gästen zu bieten gewillt war, durch folgende Anschrift bekanntgemacht.

Alter russischer Samowar (1893) aus dem Besitz Zar Alexanders III. zur Bereitung heißen Wassers zum Überbrühen von Tee oder Kaffee. Die Inschrift lautet übersetzt: „Zur Anerkennung der Ehrenbürger, die Gebrüder Vorontsoff in Tula".

„Einem Hohen Adel und werthen Bürgerpublikum thuen wir kund und zu wissen, daß unter den Linden, wo die große Friedrichstraße solche kreuzet (Erster Saal links) der Hofkonditor Kranzler ein Kaffee eröffnet hat. Alle Art Getränke und diverse Leckereien werden feylgehalten.
Bedienung von zarter Hand.
Für Divertissement des verehrten Publikums sorgt eine Musikbande aus dem schönen Italien importiert und bittet um geneigten Zuspruch.
Die Direktion"

Und das Kaffeehaus hat gehalten, was es versprochen, und war zum Inbegriff des vornehmen Kaffeehauses geworden. Im Zweiten Weltkrieg wurde es vollständig zerstört, der Name aber war unsterblich, und nach wenigen Jahren erstand das Haus wieder, wohl an einem anderen Ort, denn der alte Platz liegt jetzt in Ost-Berlin.
Zum Abschluß unserer Kaffeehäuser-Tournee wollen wir noch den Vereinigten Staaten von Nordamerika, dem größten Kaffeekonsumenten der Welt, einen Besuch abstatten.
Nach der Entdeckung Nordamerikas durch Columbus begann die Invasion der weißenPioniere, Engländer, Franzosen und Holländer, welche die eingeborenen Indianer bald aus ihren Siedlungsgebieten vertrieben und ihre europäischen Sitten und Gebräuche einführten. Die Holländer gründeten 1614 die Stadt Neu Amsterdam, das heutige New York, von wo auch die erste Meldung über Kaffee im Jahre 1668 stammt, und um diese Zeit entstanden dort und in anderen Städten die ersten Kaffeehäuser.
Die Engländer dehnten ihre Macht allmählich über ganz Nordamerika aus und vertrieben die Holländer und Franzosen aus ihren Kolonien. England, das bereits zum Teeland geworden war, führte durch die Britisch-Ostindische Companie den Tee als Volksgetränk ein und brachte dem Heimatland durch große Einfuhrsteuern gegenüber den Kolonien reichliche Einnahmen. Dadurch entstanden Streitereien zwischen Mutterland und der amerikanischen Kolonie. Auf den Tee wollten die Kolonisten nicht mehr verzichten, die Teesteuer aber nicht entrichten, und so setzte von Holland aus ein Teeschmuggel in großem Stile ein. Um dieser illegalen Einfuhr einen Riegel vorzuschieben, erwirkte die Britisch-Ostindische Companie von der Regierung das Monopol der Tee-Einfuhr.
Der Widerstand gegen diese willkürliche Bevormundung wurde immer stärker, bis 1773 die britischen Schiffe in Boston gestürmt und die Ladung von 18 000 Pfund Tee ins Meer geworfen wurde. Dieser unliebsame Zwischenfall führte schließlich zum Krieg, der mit der Lostrennung der nordamerikanischen Freistaaten von England durch den 1783 zu Versailles geschlossenen Frieden endete. Die USA hatten ihre Unabhängigkeit erlangt, und mit den Engländern verschwand auch der Tee aus Nordamerika. Der seit 100 Jahren ein nur kümmerliches Dasein führende Kaffee eroberte den Markt.
Die ersten Kaffeehäuser entstanden: in New York „The King's Arm" 1696, in Boston „London, Crown und Gutteridge" und 1808 das wohl größte Kaffeehaus, der siebenstöckige Wolkenkratzer „The Exchange Coffee House", und in Philadelphia Kaffeehäuser in malerischer Kolonialarchitektur.

Service von Joseph Hannong, oben Straßburg um 1765, unten Hagenau 1775–1780, beide aus der Collection du Musée des Arts Decoratifs, Straßburg

Maragogype

Kamerun arabica

Costa-Rica

Caracas

# Die Kaffeepflanze

Die Kaffeepflanze gehört zu der weitverbreiteten Familie der Rubiaceen, die in unseren Gegenden durch das an Wegrändern blühende Labkraut und den aromatischen Waldmeister bekannt sind. Die uns interessierende Untergruppe ist die Gattung Coffea. Wildwachsend kommt der Kaffeebaum nur in seiner Heimat Äthiopien vor, wo er eine Höhe von über 12 m erreichen und bei gutem Ernteertrag bis über 50 Jahre alt werden kann.

Guatemala

Santos

Kamerun-Robusta

Kouilou-Madagaskar-Robusta

Die wichtigsten Vertreter der Gattung Coffea sind:

| | |
|---|---|
| Coffea arabica var. | typica |
| | bourbon |
| | maragogype |
| | mokka |
| Coffea canephora var. | robusta |
| | uganda |
| | kouillou |
| Coffea liberica | |
| Coffea excelsa | |
| Coffea stenophylla | |

Coffea arabica typica ist die am häufigsten angebaute Arabica-Varietät. Zu ihr gehören die Java Arabica, National und Sumatra in Brasilien und die Nyassa in Ost- und Zentralafrika. Der Baum ist strauchartig, 2 bis 5 m hoch, mit dunkelgrünen, in jungem Zustand rotbraunen, schwach welligen, länglich spitzen Blättern. Von großer Bedeutung ist in Brasilien der Bourbon-Kaffee, der von der Insel Reunion, früher Bourbon genannt, stammt.

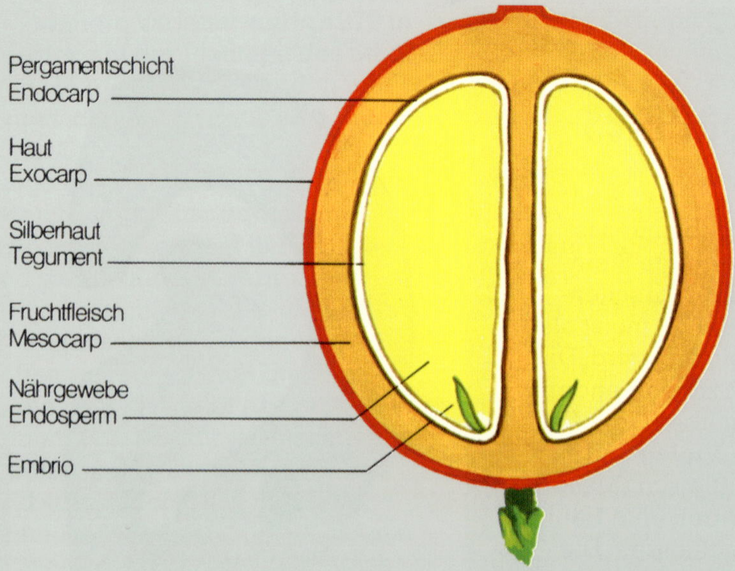


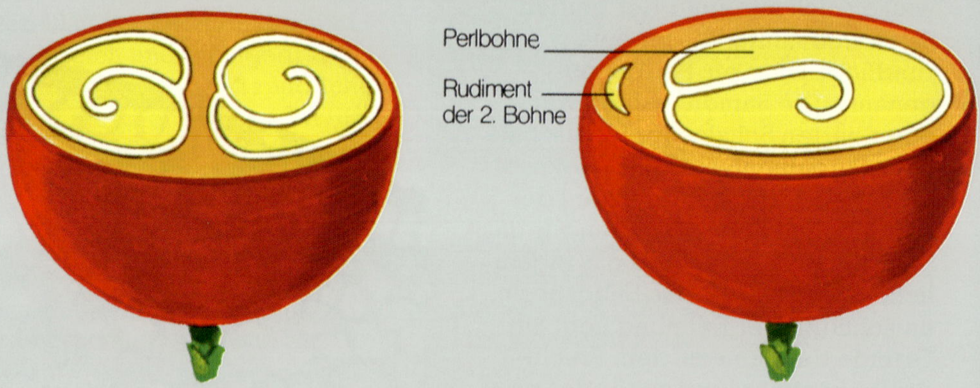


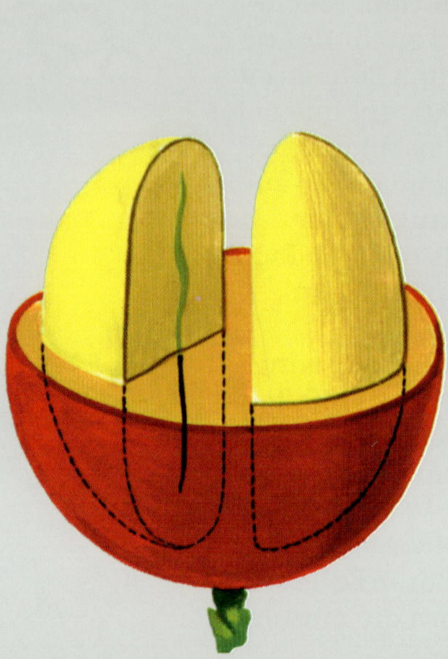

Schematische Darstellung
der Kaffeekirsche

Zellen, teils quergeschnitten mit den charakteristischen wellenförmigen Wandungen. Teilweise sind auch die Zellkerne sichtbar.
Die Keimung der Kaffeebohne ist in der nachfolgenden Skizze beschrieben. Unter günstigen Bedingungen kann sie in wenigen Wochen erfolgen. Schon nach einem Jahr erlangt die Kaffeepflanze eine Höhe von 30 bis 50 cm.
Der Kultur-Kaffeebaum erreicht eine Höhe von 4 bis 8 Metern, wird aber gewöhnlich auf einer Höhe von 3 Metern gehalten, um die Ernte zu erleichtern. Der junge Baum und die Äste sind biegsam. Die Blätter sitzen direkt auf den Zweigen, sind gegenständig, weisen ein saftiges Grün mit glänzender Oberfläche auf und fühlen sich leicht le derartig an. Mit 3 bis 4 Jahren beginnt der Kaffeebaum Blüten zu tragen und erreicht mit 5 bis 7 Jahren den vollen Ertrag. Die Blüten sitzen zu 2 bis 15 Stück in den Blattachsen, oft gedrängte Büschel bildend. Da es von der Zeit des Blühens bis zur reifen Frucht beinahe ein Jahr dauert, finden wir am selben Zweig am einjährigen Holz Blüten und am zweijährigen reife Früchte.
Die Blütezeit der einzelnen Blumen beträgt lediglich einige Stunden, diejenige eines Baumes durch die verschiedene Entfaltung der Blüten einige Tage, und in Berücksichtigung der Vor-, Haupt- und Nachblüte währt die Zeitspanne in einer Plantage Wochen bis Monate. Die

Keimung der Kaffeebohne

Blütezeit verteilt sich in den Anbaugebieten über das ganze Jahr. Dementsprechend sind auch die Erntezeiten in den einzelnen Erdteilen sehr verschieden.
Die Keimung und die Entwicklung der kleinen Kaffeepflanze aus der Bohne haben wir bereits kennengelernt. Diese Stecklinge werden nun in gegen direkte Sonneneinstrahlung abgeschirmte Baumschulen eingepflanzt. In etwa zehn Monaten sind sie zu 30 cm hohen Jungpflanzen herangewachsen und können zu Beginn der Regenperiode in die eigentlichen Plantagen versetzt werden. Es werden pro Hektar 500 bis 2000 Bäumchen gepflanzt, die meist wiederum durch Schattenbäume vor zu intensiver Besonnung und Austrocknung der Erde geschützt werden. Durch regelmäßigen Schnitt werden die Kaffeebäume ein- oder mehrstämmig gezogen, erhalten dadurch eine zweckmäßige und widerstandsfähige Form und ermöglichen eine gleichmäßige Produktion.
Der Kaffee ist eine Tropenpflanze und erfordert eine durchschnittliche Temperatur von 15 bis 25° C mit nach Jahreszeiten geregelten Niederschlagsmengen von 1000 bis 2000 mm. Eine Temperatur von unter 10° C kann bereits zu Schädigungen der Pflanze führen. Dadurch bedingt, dehnen sich die Anbaugebiete beiderseits des Äquators bis zum Wendekreis aus.
Während in den subtropischen Anbaugebieten, wie z. B. in Brasilien, die Höhenlagen zwischen 400 und 800 m über dem Meer liegen, klettert der Kaffee in den Tropen bis auf eine Höhe von 2000 m über dem Meeresspiegel.
Die abfallenden reifen Früchte, mit besonderen Kämmen oder von Hand abgestreift, werden auf dem gereinigten Boden oder auf ausgebreiteten Tüchern gesammelt. Vorzugsweise aber werden die Früchte von Hand gepflückt und mit Karren zur Aufbereitungsanlage befördert.
Der Ernteertrag einer Kaffeepflanze ist je nach Gattung, Pflege, Lage und Witterung verschieden und beträgt zwischen 200 und 600 kg Rohkaffee pro Hektar.
In der graphischen Darstellung auf Seite 52 zeigen wir die Weltproduktion an Rohkaffee und den Weltverbrauch.
Während um die Mtte des 19. Jahrhunderts die Produktion und der Verbrauch an Kaffee rund 4 Millionen Säcke betrug, hat er sich in 100 Jahren auf ca. 36 Millionen Säcke erhöht und im Jahre 1974/75 den bisherigen Höchstwert von über 81 Mllionen Säcken erreicht.
Aus der Darstellung können wir auch ersehen, daß die Produktion und der Verbrauch an Kaffee in diesem Jahrhundert teilweise stark voneinander abweichen. Betrachten wir die Überproduktion der Jahre 1930 bis 1940, so verstehen wir die widersinnige Vernichtung der Kaffeevorräte zur Stützung der Weltmarktpreise. In gut zehn Jahren wurden 78 Millionen Säcke oder über 4,5 Mlliarden Kilogramm Kaffee vernichtet, indem er ins Meer geschüttet, offen oder in Lokomotiven verbrannt oder auch zu Ziegeln gepreßt wurde.
Anschließend folgte eine Periode, in der Produktion und Absatz miteinander wetteiferten, die Preise stiegen und entsprechend auch die Ausdehnung der Anbauflächen, was in den siebziger Jahren wiederholt zu einer Überproduktion mit sehr hohen Lagerbeständen führte.
Die heutige Situation auf den Kaffeemärkten, bedingt durch die starken Frostschäden in Brasilien und die politische Lage in einigen Anbaugebieten, ist noch unüberschaubar. Die überhitzten Preise werden aber traditionsgemäß wieder zu einer Steigerung des Kaffeeanbaus führen, womit automatisch eine Preisanpassung folgen wird. Wahrscheinlich wird für die Zukunft jedoch eine

Blühender Kaffeezweig

Kaffeekirschen am Strauch

nordamerika
New York
mexico
cuba
haiti
hawaii
honduras
puerto rico
guatemala
jamaica
el salvador
nicaragua
trinidad
pazifik
costa rica
guayana
panama
mittelamerika
columbien
venezuela
elfenbeinküste
ecuador
peru
brasilien
atlantik
bolivien
Santos
südamerika
n
w
o
s

Die Anbauzone des Kaffees

bessere Preisbasis für die Herstellerländer zu erwarten sein. Die folgende Zusammenstellung zeigt die Haupterzeugungsländer der Erde für Kaffee (Ernte 1975/76 in 1000 Sack à 60 kg).

| **Zentralamerika:** | | |
|---|---|---|
| Costa Rica | | 1 305 |
| Dominikanische Republik | | 1 020 |
| El Salvador | | 2 010 |
| Guatemala | | 2 150 |
| Haiti | | 660 |
| Honduras | | 830 |
| Kuba | | 415 |
| Mexiko | | 4 100 |
| Nicaragua | | 810 |
| Sonstige | | 359 |
| | total | 13 659 |
| **Südamerika:** | | |
| Brasilien | | 23 000 |
| Ekuador | | 1 170 |
| Kolumbien | | 8 700 |
| Peru | | 900 |
| Venezuela | | 1 075 |
| Sonstige | | 155 |
| | total | 35 000 |
| **Ozeanien:** | | |
| Neu Guinea | | 667 |
| Sonstige | | 25 |
| | total | 692 |

| **Afrika:** | | |
|---|---|---|
| Angola | | 1 200 |
| Äthiopien | | 2 100 |
| Elfenbeinküste | | 5 080 |
| Burundi | | 285 |
| Rwanda | | 235 |
| Kamerun | | 1 332 |
| Kenya | | 1 240 |
| Malagasi-Republik | | 1 200 |
| Tansania | | 900 |
| Uganda | | 2 800 |
| Zaire | | 1 383 |
| Sonstige | | 854 |
| | total | 18 609 |
| **Asien:** | | |
| Indien | | 1 480 |
| Indonesien | | 2 700 |
| Philippinen | | 1 080 |
| Sonstige | | 270 |
| | total | 5 530 |
| Welt insgesamt: | | 73 490 |

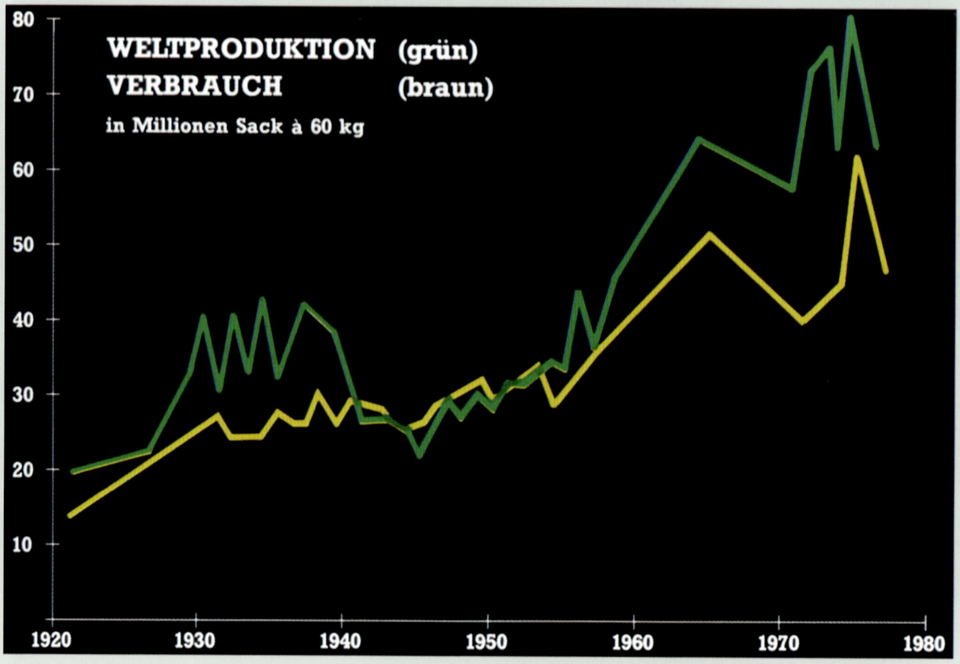


Rechts: Jungpflanzen des Kaffeestrauchs
Nächste Doppelseite: Kaffeeplantage unter Schattenbäumen (Nicaragua)

# Die Aufbereitung der Kaffeekirsche

Es wird prinzipiell zwischen zwei Aufbereitungsmethoden unterschieden: Die trockene Aufbereitung ergibt den ungewaschenen, die nasse Aufbereitung den gewaschenen Kaffee.
Die ursprüngliche und einfachere Aufbereitung, die hauptsächlich noch in Brasilien und Afrika zur Anwendung kommt, ist das Trockenverfahren. Die geernteten und von Verunreinigungen befreiten Kaffeekirschen werden auf großen Trokkenböden ausgebreitet, mehrmals umgewälzt und während 5 bis 20 Tagen der Luft und Sonne ausgesetzt. Nachts und bei feuchter Witterung werden die Kaffeekirschen zu großen Haufen aufgeschichtet und zugedeckt. Dieser Vorgang wird so lange durchgeführt, bis das Fruchtfleisch völlig trocken ist und die Bohnen beim Schütteln in den Schalen klappern. Die braunen, spröden Früchte werden nun in einer Schälmaschine enthülst und damit die Kaffeebohne von der Fruchtschale, der Pergamenthülse und, so gut wie möglich, vom Silberhäutchen befreit. Die so behandelten Kaffeebohnen können nun gesiebt und verlesen werden. Dies hört sich alles einfach an und ist es eigentlich auch, wenn man bedenkt, mit welchen Mitteln die alten Araber die Kaffeebohnen aus den getrockneten Kaffeekirschen herauslösen mußten. Einem Bericht von J. G. Krünitz (1789) entnehmen wir:
„Und solchergestalt getrocknete Bohnen werden in Mörsern gethan und mit hölzernen Keulen zerstoßen, damit die Schalen von den Bohnen fallen. Der Mörser ist ein 25 bis 30 F (7,5 bis 9 m) langer, großer vier-

Das Pflücken der Kaffeekirschen

Trocknen der Pergaminos auf Hurden

Oben: Wenden der zum Trocken ausgelegten Kaffeekirschen
Links: Aussieben von Verunreinigungen, typisch für Brasilien

eckiger Stock, in welchem große länglich runde Löcher gehauen sind, darein die Bohnen gethan und gestoßen werden.
Bey dem Stampfen steht auf jeder Seite des Mörsers ein Neger oder eine Negerin, die von einem Ende des Gebäudes bis zum andern mit viel Genauigkeit aber zur gleichen Zeit stampfen, wenn sie überdies noch dazu singen, verursacht solches ein harmonisches Geräusch, welches ebenso belustigend, als der Anblick von allen diesen Arbeitern ist."
Bei der nassen Aufbereitung werden die frisch geernteten Kirschen zunächst mit Wasser geschlämmt, um Verunreinigungen zu entfernen, wobei die vollwertigen Kaffeefrüchte absinken und die schwimmenden, minderwertigen Anteile gesondert aufbereitet werden können. Die durch Wasserbehandlung gequollenen Kaffeekirschen werden nun entfleischt, indem sie unter fließendem Wasser durch Walzen zerquetscht und damit vom Fruchtfleisch befreit werden. Um die noch anhängenden, geringen Reste zu entfernen, erfolgt in großen Bottichen eine Gärung von ein bis zwei Tagen, wodurch die letzten Fruchtfleischanteile gelöst und durch gründliches Waschen entfernt werden können.
Die so gereinigten Kaffeebohnen sind noch von der Pergamenthülle und dem darunter liegenden Silberhäutchen umschlossen. Sie werden auf offenen Hürden oder maschinell getrocknet und anschließend in einer Schälmaschine von den äußeren Hülsen befreit, sortiert, verlesen und eventuell auch poliert.
Es ist verständlich, daß dieses nasse Aufbereitungsverfahren viel mehr Aufwand und vor allem sehr viel

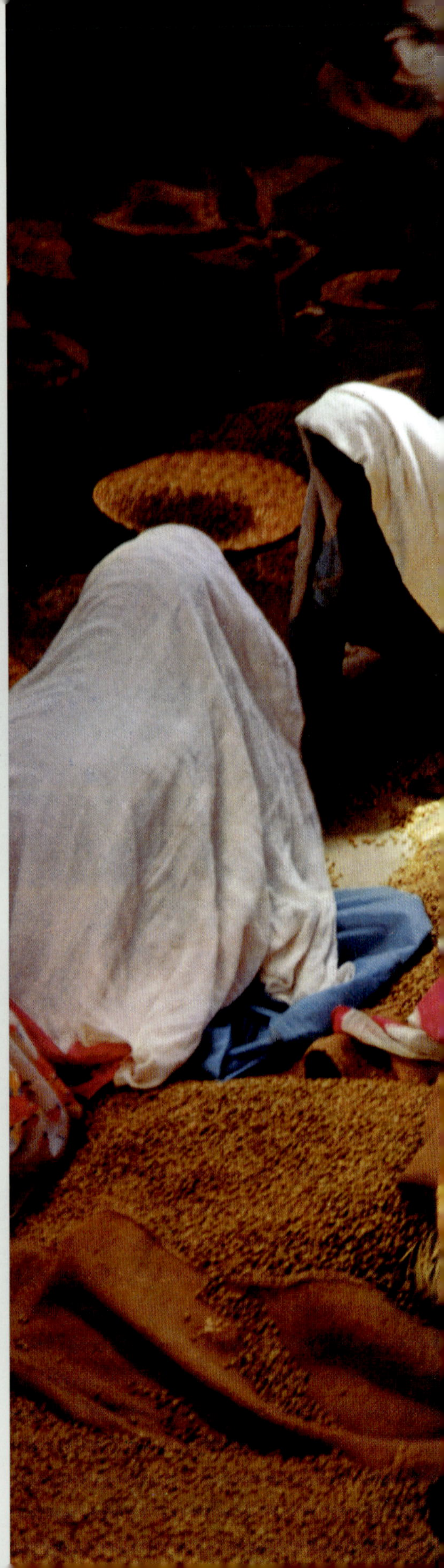

 Verlesen des Rohkaffees von Hand

Hochlager mit 1,5 Millionen Sack Kaffee Fassungsvermögen

Wasser braucht, dafür aber wird ein besseres und regelmäßigeres Produkt geschaffen. Das nasse Verfahren wird ausschließlich für Arabica-Kaffees benutzt, mit Ausnahme der brasilianischen Arabicas, während für Robusta-Kaffee in der Regel das trockene Aufbereitungsverfahren angewandt wird.
Der Rohkaffee wird nun in Jute- oder Sisalsäcke abgefüllt. Das Normalgewicht für Brasilien, West- und Zentralafrika beträgt 60 kg netto; Säcke aus Kolumbien und Mittelamerika enthalten 70 kg Kaffee. Daneben werden vereinzelt auch andere Nettogewichte angetroffen.
In den Tropen wie auch in den Verschiffungsorten werden die Kaffeesäcke in gut belüfteten Schuppen oder Hallen aufgeschichtet oder auf Paletten gestapelt aufbewahrt.
Die wichtigste Voraussetzung für eine gute Lagerung ist der Wassergehalt des Kaffees und der umgebenden Luft. Die Feuchtigkeit darf eine gewisse Grenze nicht überschreiten, um den Verderb des Rohkaffees zu verhindern. Dies gilt besonders für die immer mehr zunehmende Lagerung und Transportmöglichkeit des Rohkaffees in Silos und Containern. Die auftretenden Temperaturschwankungen können zur Kondenswasserbildung führen, so daß in einem solchen Behälter eine einwandfreie Luftzirkulation gewährleistet sein muß.
Durch den relativ hohen Fettgehalt bedingt, nimmt der Kaffee leicht den Geruch der mit ihm in Berührung kommenden Güter an, so daß er für den Transport nicht mit Materialien mit Eigengeruch, wie Häuten, Gewürzen oder Chemikalien, verladen werden darf.
Sehr gefürchtet ist beim Transport des Kaffees das Feuchtwerden der Säcke durch Brauch- und Meerwasser, die sogenannte Havarie. So genäßter Kaffee neigt in kurzer Zeit zu Schimmelbildung. In den leichten Fällen kann solcher Kaffee verlesen und nachgetrocknet, im fortgeschrittenen Zustand aber muß er vernichtet werden, da die widerliche Geschmacksbeeinflussung selbst durch das Rösten nicht be-

hoben werden kann.
An dieser Stelle ist es vielleicht interessant, die verschiedenen Krankheiten, Schädigungen und Fehler des Kaffees kurz zu streifen. Der gefürchtetste Feind des Kaffeebaumes ist der Rostpilz, Hemileia vastatrix, der zum Beispiel die von den Engländern auf Ceylon angelegten Kaffeekulturen im Jahre 1869 vollständig vernichtete. Man sucht dieser Krankheit Herr zu werden durch verbesserte Umweltbedingungen, durch die Wahl widerstandsfähigeren Pflanzenmaterials und in der Neuzeit natürlich durch chemische Behandlungsweisen.
Außer diesen durch Pilze verursachten Krankheiten treten auch tierische Schädlinge auf, wie z. B. der Kaffeebeeren-Bohrer, der punktförmig kleine Löcher erzeugen kann, oder die Kaffee-Wanze, die braungestreifte Schädigungen an der Bohne erzeugt. Dieser Befall kann am Baum selbst wie auch in den Lagerhäusern auftreten.
Ohne Einfluß pflanzlicher oder tierischer Erreger können auch Fehler an den Kaffeebohnen selbst auftreten, man nennt diese dann Fehlbohnen. Darunter versteht man beschädigte, deformierte, verfärbte und angefressene Bohnen. Die gefürchtetste Fehlbohne jedoch ist die durch Fäulnis verdorbene Stinkbohne (Stinker), die, äußerlich nicht erkennbar, einen sehr unangenehmen modrigen Geruch aufweist.
Im Gegensatz dazu werden runde Bohnen, die Perlbohnen, aus einfrüchtigen Kaffeekirschen nicht als Fehlbohnen bezeichnet. Es kann auch sein, daß man lange gelagerte, auch wurmstichige Kaffeebohnen wegen ihres milden Geschmackes besonders schätzt. Ob zu Recht, ist freilich eine andere Frage.
Als Fehler gelten selbstverständlich alle Fremdbestandteile, wie Steine, Metallstücke, Zweige, Schalenstücke, ganze Kaffeefrüchte usw. Diese werden gesamthaft mit den Fehlbohnen als Einwurf oder Einlage bezeichnet, in Gewichtsprozenten gewogen und nach verschiedenen Bewertungsskalen gepunktet.

Es dauerte bis zum 13. Jahrhundert, bis man auf die Idee kam, die an der Sone getrockneten Früchte des Kafeestrauchs zu rösten und zu mahlen.

# Das Rosten und Mahlen des Kaffees

Jedes Jahr werden viele Erfindungen über die Behandlung von Kaffee in der ganzen Welt gemacht und patentiert, doch der Erfinder, der erstmals der unscheinbaren und im rohen Zustand ungenießbaren Kaffeebohne das herrliche Aroma zu entlocken vermochte, ist unbekannt.
Aber auch heute noch erregt jeden Menschen, der Kaffeebohnen röstet, die unsägliche Entdeckerfreude, wenn er beim Rösten die Veränderung unter der Wärmeeinwirkung verfolgt und am Schluß der Behandlung die wohlgeformte, duftende Bohne vor sich hat.
Verfolgen wir den Röstprozeß am Beispiel eines Hochlandkaffees aus Ekuador.
Die Farbe der flachen, hellgrünen Kaffeebohnen wird durch die Wärmeeinwirkung allmählich leicht gelb, und die äußerlich noch anhaftenden Reste von Silberhäutchen werden durch die Bewegung des Kaffees in der Rösttrommel abgerieben. Bei der durchgehenden Gelbfärbung öffnen sich die Furchen der Bohnen, eine Volumenvergrößerung tritt ein, und das im Schnitt noch befindliche Silberhäutchen wird sichtbar. Von Gelb wechselt die Farbe auf Gelbbraun über, wobei der helle Schnitt deutlicher sichtbar wird. Im hellbraunen Zustand ist die Oberfläche der Bohnen leicht maserig.
Bei einem Gewichtsverlust von ca. 12 Prozent beginnen die Bohnen infolge der Zerreißung der Zellwände zu knacken, sie dehnen sich längs der Mittelfurche auf, wobei an deren Enden leichte Risse entstehen und ein Teil der darin eingeschlossenen Silberhäutchen sich ablöst. Bei starker Vergrößerung des Volumens geht die Farbe in ein gleichmäßiges „Kaffeebraun" über, und ein herrlicher Duft tritt uns im entstehenden Rauch entgegen.
Dieser Duft verstärkt sich gegen Ende der Röstung immer mehr, und die aufgeblähten Bohnen sind über den ganzen Schnitt mit einem goldenen Silberhäutchen verziert.
Dieser Moment ist für den Röster von höchster Spannung, denn es handelt sich nur um Sekunden, während denen der gewünschte Röstgrad erreicht ist und der Kaffee in das Kühlsieb entleert werden muß.
Die im rohen Zustand zähe, hornartige Kaffeebohne ist nun spröde geworden, soll sich leicht zerbeißen lassen, wobei die herrlichen Geschmacksstoffe begeistern.
Wird der optimale Röstgrad überschritten, steigt die Rauchbildung an, und bald tritt ein brenzliger Geruch ein; das Kaffeefett tritt aus den Bohnen heraus, der Kaffee schwitzt.
Es wird nie möglich sein, die vielen Vorgänge, welche die Röstentwicklung bewirken, auch nur annähernd zu erfassen. Wir kennen wohl die chemischen und chemisch-physikalischen Zustände und Veränderungen, die stattfinden. Das Rösten des Kaffeegutes aber ist ein Wunder der Verwandlung, von dem auch die Wissenschaft staunend Kenntnis nehmen muß.
Zum Glück für die Kaffeegenießer und auch für die Kaffeeproduzenten wird es wohl nie möglich sein, eine dem Naturprodukt auch nur ähnliche Komposition herzustellen.
Auch hier hat das menschliche Können seine Grenzen, und die Natur ist nicht nachzuahmen.
Der Kaffeeröster als Gerät hat wie viele Gebrauchsgegenstände wäh-

rend Jahrhunderten eine langsame Entwicklung erfahren und ist erst in jüngster Zeit modernisiert und automatisiert worden.
Da der Kaffee ursprünglich als Rohkaffee gehandelt wurde, war es natürlich, daß dieser an jedem Verbraucherort selbst geröstet worden ist. Von der bloßen Erhitzung auf heißen Flächen, z. B. im Backofen, war es ein kleiner Schritt zu Pfannen und Tiegeln, die heute noch in einfachen Haushalten üblich sein sollen. Die Entwicklung im 18. Jahrhundert führte zu rotierenden Röstgeräten, den Rösttrommeln, in denen der Kaffee durch Umwälzung gleichmäßig geröstet werden konnte. Solche Rösttrommeln sind in unzähligen Varianten erstellt worden und bis in die Gegenwart erhalten geblieben.
Mit der gesellschaftlichen Entwicklung und der Möglichkeit, Kaffee auch in geröstetem Zustand beschränkte Zeit aufbewahren zu können, führte der Weg zur Großröstanlage, die erst eine gezielte und reproduzierbare Arbeitsweise des Röstens erlaubte.
Wie wir gesehen haben, erfolgt die Wärmeübertragung bei den alten Röstern hauptsächlich durch die heiße Metallwand auf die Kaffeebohnen. Die schlechte Wärmeübertragung und die großen Differenzen der Wandtemperatur führten oft zu lokalen Überhitzungen, wodurch „Brandflecken" an der Oberfläche der Bohnen nicht zu vermeiden waren. Die Röstdauer in solchen Trommeln, die kugel- oder zylindrische Form aufweisen konnten, war entsprechend lang, nämlich 20 bis 40 Minuten.
Die Verwendung von gas- oder auch elektrisch erhitzter Luft als Wärmequelle erlaubte eine direkte Führung der Heißluft durch die Masse der Kaffeebohnen, wobei gleichzeitig eine gewisse Heizung der Trommelwand verbunden sein kann. Dadurch wurde es möglich, die Wärmezufuhr besser und schneller zu regulieren und damit auch die Röstdauer auf die Hälfte zu reduzieren. Eine weitere Entwicklung brachte die Einführung des Wirbelröstverfahrens, in dem die Kaffeebohnen durch den starken Druck der eingeführten Heißluft ständig im Schwebezustand gehalten werden. Durch die gute Wärmeübertragung kann die Röstdauer auf einige Minuten reduziert werden, bei gleichzeitig größter Schonung des Kaffeegutes.
Die beschriebenen Röstverfahren können chargenweise oder in kontinuierlichem Betrieb ausgeführt werden. Je nach Bedürfnis kann eine halb- oder ganzautomatische Regelung des Kaffeedurchflusses, der Temperatur, der Luftmenge und der anschließenden Kühlung des gerösteten Kaffees erreicht werden. Die Röstungen werden im allgemeinen bei normalem Luftdruck durchgeführt. Die Trommelröstung kann aber auch bei einem Überdruck bis ca. 5 Atü, mit oder ohne Wasserzugabe, vorgenommen werden, wodurch eine Verminderung des Einbrandes und eine eventuell gewünschte Qualitätsverbesserung erzielt werden kann. Infrarot-, Mikrowellen- oder Hochfrequenz-Heizung haben bis heute, teilweise aus Kostengründen, keine Bedeutung erlangt. Die Rösttemperatur schwankt zwischen 200 und 250° C, je nach dem gewünschten Röstgrad, d. h. der mehr oder weniger braunen Farbe des gebrannten Kaffees, denn bekanntermaßen bevorzugen Mitteleuropäer und die amerikanischen Konsumenten einen hellen und damit einen säurehaltigen Kaffee, während die südlicher gelegenen Staaten einen dunklen bis fast schwarzen Brand wünschen.
Richtigerweise werden die Kaffee-Provenienzen separat geröstet und erst nach der Röstung gemischt, da die einzelnen Kaffeesorten sehr

Alte haushalts-Kaffeeröster in Pfannenform zum Einsetzen in der Küchenherd

Kugelröster, hergestellt 1870-1939

Gasschenellröster, innenbeheizt, ca. 1895

Koksbeheizter Schnellröster, ca. 1903

Schnellröster mit kontrollierter Heißluftführung, 1910

Kaffeeröster in Kugelform, ca. 1880

Haushalt- und Probenröster, ca. 1905

Außenbeheizter Kugelröster, ca. 1900

Zwillingsröster für Karamellmalz. ca. 1925

Doppelwandiger Schnellröster mit Aroma-kontrolle, ca. 1934

Moderne Röstanlage

verschiedene Rösteigenschaften aufweisen können. Ein ausgesprochen „schlechter Röster" kann zudem unterbrochen geröstet werden, indem man bei erreichter Gelbfärbung der Bohnen die Röstung unterbricht, den Kaffee kühlt und in einem zweiten Vorgang die Röstung vollendet.

Der gekühlte Kaffee wird von der Röstmaschine pneumatisch in die Lagersilos gefördert, damit spezifisch schwere Verunreinigungen, wie Steine oder Metallstücke, ausgeschieden werden. In großen Röstereien kann zur Verlesung des Kaffees dieser zusätzlich photoelektrisch und vollautomatisch geprüft werden, wodurch helle, meist bitter schmeckende Bohnen aussortiert werden können. Wenn oben von einem Lagersilo gesprochen wurde, so ist dieser Begriff insofern unrichtig, da gerösteter Kaffee nicht oder nur kurzfristig gelagert werden soll, denn nur frisch gerösteter Kaffee erfüllt die höchsten Ansprüche eines wirklichen Kaffeekenners.

Es kann sich also lediglich um eine Zwischenlagerung handeln, die notwenig wird, da der meiste Kaffee des Handels aus Mischungen verschiedener Sorten besteht. Die Zusammensetzung der Mischungen wird gerne geheimgehalten. Sie richtet sich hauptsächlich nach der Geschmacks- und eventuell Geruchsrichtung, der Ergiebigkeit, oft auch nach dem Aussehen, der äußeren Beschaffenheit der Bohnen, klein- oder großbohnig, und heutzutage vor allem nach dem Preis der einzelnen Provenienzen.

Aus den Lagersilos werden beliebig viele geröstete Kaffeesorten automatisch verwogen, in Mischmaschinen gemischt und in Abfüllsilos zur Weiterverarbeitung gesammelt.

Die Verpackung des Röstkaffees muß dicht, absolut geruchs- und geschmacksfrei sein, um eine Beeinträchtigung der Qualität zu verhindern. Eine Feuchtigkeitszunahme des hygroskopischen Produktes ist zu vermeiden, da durch Einwirkung von Feuchtigkeit und Luftsauerstoff chemische Reaktionen eintreten können. Ganz besonders aber gilt es, jeglichen Aromaverlust zu vermeiden.

Um die Erhaltung des Aromas zu gewährleisten, wurden in neuerer Zeit viele Verfahren vorgestellt, wie zum Beispiel Verschluß unter Kohlensäure- oder inerter Gasatmosphäre, oder – insbesondere durch das Aufkommen von gemahlenem Kaffee im Handel – die Verpackung unter Vakuum. Diese Technik ist sehr stark verbessert worden, so daß es heute möglich ist, auch gemahlenen Kaffee mindestens einige Wochen relativ frisch zu erhalten. Ein Nachteil allerdings erwächst aus dieser Verpackungsart, denn nach dem Öffnen des Beutels ist der gesamte Inhalt nicht mehr genügend geschützt und daher in kurzer Zeit dem normalen Alterungsprozeß unterworfen. Als Packungsmaterial sind Glas, Blechpackungen und Kunststoffsäcke oder mit Folien ausgelegte Papiersäcke im Gebrauch.

In der „guten alten Zeit" stand in jedem Haushalt eine Kaffeemühle, in der die Hausfrau den jeweiligen Bedarf an Kaffeebohnen unmittelbar vor der Zubereitung des Getränks selbst zu Pulver mahlte. Im Zuge der Emanzipation der Frau wird ihr auch diese schwere Arbeit von den Verkaufsgeschäften abgenommen, und leider verschwinden so allmählich die althergebrachten Mühlen aus den modernen Küchen und gelangen als Ausstellungsobjekte in die gute Stube. Es ist dies sehr zu bedauern, da sich Kaffeebohnen besser aufbewahren lassen und der Kaffee in gemahlenem Zustand schneller sein Aroma verliert.

Daß die Kaffeebohnen für die Zubereitung zerkleinert werden müssen, war schon von alters her bekannt, und man bediente sich dazu der schon lange bewährten Mörser. Erst zu Beginn des 18. Jahrhunderts kamen Kaffeemühlen in Gebrauch, die sich wahrscheinlich aus den Gewürzmühlen entwickelt haben. In der Mitte des 19. Jahrhunderts wurden die Kaffeemühlen zum Allgemeingut.

Was die Mahlfeinheit anbetrifft, d. h den durchschnittlichen Durchmesser der Kaffeeteilchen, so kann für industrielle und gewerbliche Betriebe mit 1-3 mm, für Papierfilter ca. 0,3 mm, für Espresso 0,2 mm und für türkischen Kaffee mit einem solchen von 0,1 mm gerechnet werden.

Bei der Mahlung des Kaffees ist darauf zu achten, daß sich das Kaffeepulver nicht erwärmt, wodurch Aromaverluste eintreten würden. Deshalb wird in großen und industriellen Anlagen das Mahlwerk gekühlt, eventuell auch unter Luftabschluß in einer Kohlensäureatmosphäre gearbeitet.

Alter Kaffeemörser

Sogenannte Türkenmühlen

Mühle aus massivem Eichenholz, 1700/1725

Kupferne Mühle mit Eisenbeschlägen, 1750

Mühle aus einem Stück Olivenholz, Bayern um 1800

Mühle mit Kupferverzierungen, Mitteleuropa um 1890

Mühle aus Eisenblech, Aden Ende 17. Jahrh.

Mühle aus Mahagoniholz, Frankreich um 1700

Französische Mahagoniholz-Mühle, um 1790

Gußeiserne Mühle, England um 1860

Mühle aus einem Eichenblock, um 1750

Französische Mühle, ca. 1720/1750

# Die Chemie des Kaffees

Bei der Besprechung der Inhaltsstoffe des Kaffees müssen wir verschiedene Einschränkungen vornehmen. Einmal wollen wir nur auf die Bestandteile des gerösteten Kaffees als übliches Handelsprodukt eingehen und die Veränderungen gegenüber dem Rohkaffee anfügen. Ferner werden wir nur die chemischen Stoffgruppen besprechen und von diesen auf einzelne bemerkenswerte Verbindungen eintreten. Da zudem die Zusammensetzung der Röstkaffeebohnen wesentlich von der Art und Herkunft sowie von der Behandlung und besonders vom Röstgrad abhängig ist, müssen wir uns auf Mittelwerte beschränken.
In Anbetracht der Bedeutung und Verbreitung des Kaffeegetränkes ist es nicht verwunderlich, daß sich schon seit Jahrhunderten Wissenschaftler mit der Zusammensetzung dieses edlen Getränkes befaßt haben. Als Beispiel möchten wir nur den französischen Arzt Philippe Sylvestre Dufour mit seiner Schrift „Traitez Nouveaux et Curieux du Café, du The, et du Chocolate" erwähnen. Die 1693 erschienene Publikation widerlegt aufklärend die Argumente der Kaffeegegner über die Schädlichkeit des Kaffees. Seither sind viele Hinweise über die Inhaltsstoffe des Kaffees bekannt geworden, und besonders die jüngste Zeit hat dank der ungeheuren Entwicklung der Untersuchungsmethoden sehr viele neue Erkenntnisse gebracht.
Wir haben bereits in den Ausführungen über das Rösten von den Veränderungen der Kaffeebohnen gesprochen. Bei dem Röstprozeß nimmt das Gewicht durch den „Einbrand" um 12 bis 20 Prozent ab, während das Volumen der Bohnen um 50 bis 100 Prozent zunimmt. Es ist verständlich, daß bei einer solch tiefgreifenden Veränderung der Bohnen deren Inhaltsstoffe zu- oder abnehmen oder aber völlig neue Stoffe entstehen können.

**Wasser**
Der Einbrand, den wir soeben angeführt haben, wird hauptsächlich hervorgerufen durch den Verlust an Wasser während der Erhitzung. Der ursprüngliche Wassergehalt des Rohkaffees variiert sehr stark, zwischen 6 und 13 Prozent, und wird beim Röstprozeß auf 0,5 Prozent abgebaut. Durch die nachfolgende Behandlung und Lagerung steigt der Feuchtigkeitsgehalt wieder leicht an, darf aber die gesetzlich festgelegte Grenze von 5 Prozent nicht übersteigen.

**Kohlenhydrate**
Diese sind zu ca. 30 Prozent im Kaffee enthalten und bestehen vorwiegend aus wasserlöslichen und wasserunlöslichen Polysacchariden und zu einem kleinen Teil aus den Zuckern Saccharose, Glucose, Fructose und Arabinose. Diese letzteren werden durch den Röstprozeß größtenteils zerstört. Auch die wasserunlöslichen Polysaccharide, welche die Gerüstsubstanz der Kaffeebohnen darstellen, nehmen mit steigendem Röstgrad ab, sie sind als Hauptbestandteile des Kaffeesatzes zu betrachten.

**Fette, Säuren**
Der Gehalt an Fetten (15 bis 20 Prozent), die auch als Kaffeeöle bezeichnet werden, nimmt bei der

Röstung nur unwesentlich ab. Ihre Hauptbestandteile sind Triglyceride, Diterpene, deren Säurekomponenten aus bis heute 13 bekannten Fettsäuren bestehen, wovon Linolsäure und Palmitinsäure als wichtigste vertreten sind.
Als weitere Säuren kommen vor: Ameisensäure, Essigsäure, Milchsäure und Brenztraubensäure, Oxal- und Weinsäure, des weiteren Citronensäure und die für den Kaffee charakteristischen Chlorogensäuren. Diese Säuren verhalten sich beim Röstprozeß sehr verschieden, allgemein aber ist ein leichter Abbau zu verzeichnen. Als neue Säure entsteht bei diesem Prozeß durch Zersetzung von Trigonellin die Nicotinsäure.
Die Säuren stellen einen wichtigen Bestandteil des Kaffees dar und werden bei der Degustation als ein Hauptmerkmal für die Beurteilung herangezogen. Man spricht von feinen Säuren, die in einem wohlabgewogenen Maß in guten Mischungen vorhanden sein sollen.
Arabica-Kaffees weisen allgemein einen höheren Säuregrad auf als diejenigen der Gattung Canephora. Zudem besitzen die „hochgewachsenen“ Arabica einen höheren Säurewert als die Tieflandkaffees wie z. B. die brasilianischen Santos-Kaffees.
Ebenso spielt die Aufbereitung des Rohkaffees eine wesentliche Rolle; die gewaschenen Kaffees weisen mehr feine Säuren auf als die trokken aufbereiteten Sorten. Von großem Einfluß ist, wie schon früher erwähnt, der Röstgrad, indem der Gesamtsäurewert zu Beginn der Röstung zunimmt, um bei starker Röstung etwa auf den Anfangswert zu sinken.
Als freie Diterpene möchten wir noch die Verbindungen Caféstol und Kahweol erwähnen, denen früher größere Bedeutung bei der Beurteilung des Kaffees zugesprochen wurde.

**Eiweiß**
Die ca. 11 Prozent betragenden natürlichen Eiweißstoffe werden durch den Röstprozeß teils abgebaut, teils setzen sie sich mit den vorhandenen Kohlenhydraten und eventuell mit den Chlorogensäuren zu höhermolekularen Bräunungsprodukten um.

**Alkaloide**
Als solche sind im Kaffee enthalten: Coffein, geringe Spuren von Theobromin und Theophyllin, Trigonellin und Nicotinsäure. Vorerst wollen wir uns mit dem Coffein befassen.
Coffein treffen wir außer im Kaffee auch im Tee, Guarana, Mate und in Colanüssen an, und es ist identisch mit dem aus dem Tee gewonnenen Tein.
Seit Kaffee getrunken wird, wußte man von der Wirkung des Coffeins auf den menschlichen Körper, doch war der Stoff als solcher unbekannt. Daß es ausgerechnet Johann Wolfgang von Goethe war, der zur Entdeckung des Coffeins beigetragen hat, muß als interessante Fügung hingenommen werden. Seine naturwissenschaftlichen Studien brachten ihn in Verbindung mit dem Chemiker F. F. Runge, Professor an der Universität zu Breslau und Entdecker des Anilins, Phenols und anderer Stoffe. Bei einer Zusammenkunft schenkte Goethe dem Chemiker einige Kaffeebohnen, die dieser alsbald in seinem Laboratorium einer Untersuchung unterwarf und dabei bei der Isolierung auf wunderschöne, farblose Kristalle stieß, die entsprechend ihrer Herkunft als Coffein bezeichnet wurden Das Coffein ist ein färb- und geruchloses Pulver, das mit 1 Mol Kristallwasser in langen Nadeln kristallisiert. Es kommt praktisch in allen Coffea-Gattungen vor. Der Gehalt des Arabica-Kaffees beträgt zwischen 0,8 und 1,6 Prozent, während in den Robusta-Kaffees 1,4 bis zu 3,0 Prozent vorhanden sein können.

Links: Coffein-Kristalle
Mitte: Trigonellin
Rechts: Chlorogensäure

Durch das Rösten verändert sich der Coffeingehalt auf die Trockensubstanz bezogen praktisch nicht, obgleich bei starker Röstung geringe Mengen von Coffein sublimieren können. Das Coffein liegt im Kaffee teils als solches vor, teils gebunden mit Chlorogensäure, spaltet sich aber im Kaffeegetränk in die Komponenten auf.

**Trigonellin und Nicotinsäure**
Als weitere stickstoffhaltige Verbindung ist im Kaffee das Trigonellin mit 0,2 bis 1 Prozent vorhanden. Im Gegensatz zu Coffein wird dieses durch den Röstprozeß bis zu 50 Prozent abgebaut. Als Abbauprodukt wurde neben anderen Stoffen die Nicotinsäure festgestellt. Diese kann im menschlichen Körper rasch in das B-Vitamin, Nicotinsäureamid (Niacin), umgewandelt werden. Ihr Anteil im Röstkaffee beträgt ca. 0,02 Prozent, und dies bedeutet, daß mit 3 bis 4 Tassen Kaffee der gesamte Tagesbedarf eines Menschen gedeckt wird.

**Mineralstoffe**
Die Mineralstoffe, die beim Veraschen von Kaffee bestimmt werden können, variieren sehr stark nach den Anbaugebieten. Den größten Prozentsatz mit ca. 1 Prozent nimmt das Kalium ein, gefolgt von Calcium, Magnesium, Phosphor als Phosphat und Schwefel als Sulfat. Als Spurenelemente können praktisch alle anderen Elemente nachgewiesen werden.

**Aromastoffe**
Außer Coffein treffen wir die bisher angeführten Inhaltsstoffe der gerösteten Kaffeebohnen auch in anderen Naturprodukten an, sie sind nicht spezifisch für Kaffee. Für diesen aber sind die typischen Geruchs- und Geschmacksstoffe für

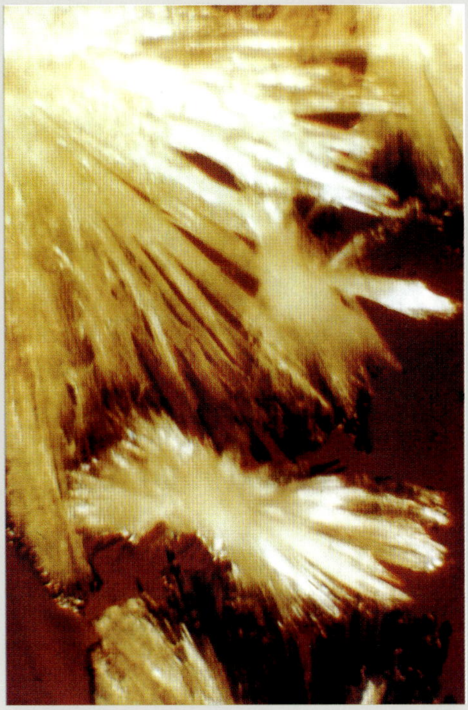

die Beliebtheit des Getränks ausschlaggebend. Alle diese Aromastoffe sind im rohen Kaffee nicht enthalten und bilden sich erst beim Röstprozeß, und zwar hauptsächlich beim Rösten von ganzen Kaffeebohnen, nicht aber beim Erhitzen von gemahlenem Rohkaffee oder Extrakt aus rohem Kaffee. Man schätzt, daß der Innendruck in einer Kaffeebohne 25 Atü erreichen kann, was für die chemische Reaktion ohne Zweifel von maßgebendem Einfluß ist.
Die Aromastoffe lassen sich je nach ihrer Flüchtigkeit durch Geruchs- und Geschmackswahrnehmungen unterscheiden, wobei jedoch die beiden Komponenten ineinander übergehen können. Alle diese wertvollen Verbindungen machen weit weniger als 1 Prozent des Gesamtgehaltes der Bohneninhaltsstoffe aus. Die ersten Untersuchungen über flüchtige Aromastoffe sind vor über 50 Jahren von Staudinger und Reichstem durchgeführt worden, wobei sie über 70 Stoffe aus dem Röstkaffee isolieren konnten. Dank der stürmisch sich entwickelnden Untersuchungstechnik ist es in jüngerer Zeit gelungen, weit über 500 Stoffe aus den Aromabestandteilen zu gewinnen. Diese Stoffe weisen aber einzeln alle möglichen Geruchsempfindungen auf, nur keinen Kaffeegeruch. Werden diese getrennten Stoffe wieder zusammengeführt, so erhält man den kaffeeähnlichen Ausgangsstoff zurück. Es scheint also, daß das Kaffeearoma eine Kombination von sehr vielen einzelnen Verbindungen darstellt. Da schätzungsweise noch ca. 300 weitere flüchtige Aromastoffe unbekannt sind, steht es offen, ob man zusätzlich noch eine spezifische Aromaverbindung entdecken kann. Ist schon die Natur der flüchtigen Aromastoffe zum Teil noch unbe-

kannt, so sind wir in bezug auf Röstkaffee-Geschmackstoffe, also die nichtflüchtigen Kaffeeinhaltsstoffe, noch mangelhafter orientiert, da diese hochmolekularen Verbindungen große analytische Probleme mit sich bringen.
Sind wir also schon über die Grundstoffe des Kaffeearomas und -geschmacks auf Mutmaßungen angewiesen, so fehlen uns noch jegliche Angaben über die unterschiedlichen Sinnesempfindungen für z. B. Arabica- und Robusta-Kaffees wie auch über die verschiedenen Geschmacksfehler, so z. B. Rio-Geschmack etc. Über die Haltbarkeit des Röstkaffees ist bereits gesprochen worden, und in bezug auf chemische Erklärungen können wir wenig beitragen, da typische Alterungsstoffe nicht gefunden werden konnten. Wir können lediglich feststellen, daß der feine Röstgeruch verschwindet und erst danach durch den nachweisbaren Fettverderb allmählich ein ranziger Geruch auftritt.
Im Zusammenhang mit diesem Kaffeefett soll abschließend das „Schwitzen" des gerösteten Kaffees erwähnt werden. Bei jedem stärker gerösteten Kaffee treten je nach dem Röstgrad im Verlaufe von Stunden oder Tagen Fett-Tröpfchen an die Oberfläche und können sich dort zu einer zusammenhängenden Fettschicht ausbreiten. Ob dadurch das Ranzigwerden des Kaffees beschleunigt wird, ist nicht erwiesen. Sehr oft wird jedoch zu Unrecht das Schwitzen als Qualitätsfehler betrachtet.
Andererseits kann dieser Glanz auch erwünscht sein und künstlich durch Zugabe von Öl oder Fett auf den heißen Röstkaffee gefördert werden, wodurch man zugleich einen Schutz gegen den Verlust der Aromastoffe zu erzielen versucht.

# Kaffee und Medizin

Daß der Kaffee von den alten Völkern bald nach seiner Entdeckung als Medizin, Genuß- und Nahrungsmittel eingesetzt wurde, hat seine große Berechtigung. Der Instinkt ließ unsere Vorahnen seine Nützlichkeit, in diesem Fall mit dem Angenehmen verbunden, finden. Mit orientalischer Überschwänglichkeit ließen sie den Kaffee zum Heilmittel fast aller Gebrechen des Menschen werden. Wenn wir die alten Schriften durchblättern, so können wir uns des großen Eindrucks der eher phantasievollen als medizinischen Schilderungen der Kaffee-Einwirkung auf den menschlichen Körper nicht entziehen. Es würde zu weit führen, hier alle gelehrten Ärzte und Orientpilger aus allen Ländern der Welt zu Worte kommen zu lassen, ob sie nun Befürworter oder Gegner des Kaffeegetränks waren. Inhaltlich gleichen sich diese Veröffentlichungen derart, daß wir es dabei belassen können, als Zusammenfassung Georg Heinrich Behrs, der Artzneykunde Doct. und Pract. zu Strasbourg, aus dem Jahre 1748 anzuführen.
Sehr ausführlich berichtet er über den Genuß oder übermäßigen Verbrauch von Wasser, Bier, Wein, Branntwein und Fleischbrühe und fährt dann wörtlich fort:
„Ebenso ist es auch meines Erachtens mit dem Caffee-Trinken. Der recht zubereitete Caffee, wenn er mäßig, zur rechten Zeit, von gehörigen Personen und ordentlich getrunken wird, kann er, nach meiner Ansicht unmöglich schaden. Aber der unrechtmäßig zubereitete, wie auch der zur Unzeit, unordentlich, und überflüssig zu sich genommene Caffee ist allerdings, ebenso, wie andere Sachen in ihrer Art, nicht dienlich, sondern unfehlbar schädlich und verwerflich.
Besser ist es demnach getan, man trinke nach hiesiger oder französischer Weise den Milchkaffee des Morgens nüchtern, des reinen und braunen Caffee Trankes hingegen bediene man sich nach dem Tisch. Ich sage mit Fleiß nach dem Tisch, weil desgleichen brauner oder ordentlicher Kaffee, des Morgens nüchtern getrunken, jederzeit mehr schaden als zu nutzen pflegt. Vielen Leuten auch eine Schwehre und Zittern der Gliedmaßen, oder wohl gar eine Umnebelung der Sinne, Schwindel und Dummheit erreget. Nach dem Mittag-Essen aber, wie auch einigermaßen nach dem Nacht-Essen, wo man noch einige Zeit aufzubleiben hätte, ist derselbe gar gut und überhaupt mehr dienlich, indem er der Dauung hilft, das Haupt erleichtert, den Menschen anbey aufgeweckt und munter erhält."
Nachdem er im Nachfolgenden sehr eingehend das Rösten, Mahlen und die Zubereitung des Kaffeegetränkes beschrieben hat, fährt er fort:
„Ja, auf diese Art genommen, muß und pflegt er auch mancherley unvergleichlichen Nutzen zu stiften und gewißlich recht und gesund zu seyn.
Denn da dienet dieser Caffee nicht nur liederlichen und beschleimten Magen zu stärken, die groben Speisen zu Verdünnern, und die Dauung zu fördern, sondern er dienet auch wieder die Schleim-Colick, Durchbruch und rote Ruhr; mäßigt den Schnupfen und alle scharfen Flüsse des Haupts; macht munter und stärkt das Gedächtnis;

versüßet und säubert das Geblüt und befördert dessen Umlauf, bringet den Weibern ihre verstopfte monatliche Reinigung wieder in Gang, ist auch ein treffliches Mittel in verschleimten Nieren, treibt auch dabey den Harn, Sand und Gries, wiederstehet hauptsächlich den Ohnmächten, welche vom Aderlassen herrühren, vermindert und vertreibt die Trunckenheit, samt dem daher stammenden Kopfweh, dient auch in allen hartnäckigen und von blödem Magen herrührenden Hauptschmerzen, besonders man ihn vorhero nicht täglich getrunken und seine Natur gleichsam daran gewöhnet hat, insbesonderlich aber tut er auch gut in denen so genannten periodischen, d. i. sich zu gewissen Zeiten wieder einstellenden Kopf-Schmerzen, wie nicht minder im Schwindel, schwachen Nerven und bevorstehendem Schlag; wiederstehet der Schläfrigkeit und halt den Menschen munter, benimmt den dicken Leuten ihre überflüssige Leibes-Fettigkeit und verbessert ihnen ihr träges und schleirnrichtwässeriches Geblüt.
Mit Milch endlich getrunken, bringt er dürren und hageren Leuten gute Nahrung, bekommt sehr wohl denjenigen so eine blöde und schwache Brust haben, so gut wieder die Heiserkeit und Rauhigkeit des Halses, wie auch den Husten, Engbrüstigkeit und Keichen, so von kalten Füßen und zähen Flüssigkeiten herkommen, indem er in diesen Zuständen den hin und wieder sitzenden Schleim zertheilet und ablöset, kommt also zugleich denen Schwind- und Lungen-Süchtigen zu Hülffe, zuletzt dienet er auch, auf diese Weise gebraucht, denen Podagrämern, stillet anbey Gliederweh, und heilet den Scorbut.
Selbst äußerlich ist dieser Caffee-Tranck nicht ohne sonderlichen Nutzen, indem der Dampf davon nicht nur den Schnupfen zertheilet, den Rausch mindert, das daher stammende Kopfweh vertreibet, sondern auch die Schmerzen der Augen mäßigt und derselben verdrüßliche Gewährlein lindert und heilet.“

Soweit die schon von unseren Vorfahren beschriebenen Effekte des Kaffees auf den menschlichen Körper. Was sagt aber die moderne Medizin zu den Wirkungen des Kaffeegetränkes? Im Gegensatz zu den früheren allgemeinen Befunden müssen wir heute die Einwirkung der verschiedenen Stoffe auf die einzelnen Organe unterscheiden. Doch von allen Inhaltsstoffen des Kaffees ist nach wie vor das Coffein als die wichtigste Substanz anzusprechen, gefolgt von Chlorogensäure, Trigonellin und den erst in der Neuzeit näher beobachteten Röstreizstoffen.

Das Coffein verteilt sich, in Kaffee getrunken, sehr rasch in die verschiedenen Körperteile und erreicht im Darm schon nach 15 Minuten seine Wirkung, die nach 5 bis 7 Stunden wieder verschwindet, da der Organismus verhältnismäßig rasch das Coffein abzubauen vermag.

Das Coffein wirkt vor allem auf das Zentralnervensystem. Es erzeugt vorerst eine allgemeine geistige Anregung mit einer schnelleren und vermehrten Aufnahmefähigkeit und geistiger Aktivität und schnellerem Reaktionsvermögen. Wie schon die Mönche im Kloster Schehodet festgestellt haben sollen, werden Gedanken und Wahrnehmungen bildhafter und gewinnen an Beweglichkeit und Anschaulichkeit. Bei allgemein gehobener Stimmung wird die Müdigkeit verdrängt, wobei keine Verminderung der Urteilskraft festgestellt werden kann und damit sich der Kaffee oder das Coffein von den heutigen Rauschgiften prinzipiell unterscheidet.

Bei allzu großer Dosierung tritt allerdings eine Unstetigkeit der Gedankenflucht ein, verbunden mit einer

inneren Unruhe und Zittern der Hände.
Jeder weiß aus Erfahrung, daß eine geistige Anregung das Einschlafen beeinträchtigt. Dies ist auch beim Genuß von coffeinhaltigem Kaffee der Fall, und bei nervösen Störungen kann schon eine kleine Coffeinmenge zu stundenlangem, sich meist wiederholendem und dadurch noch mehr anregendem Gedankenzirkus führen.
Umgekehrt gibt es Menschen, die durch Kaffeegenuß leichter den Schlaf finden können. Diese widersprüchliche Feststellung kann ihre Ursache darin haben, daß durch die Beseitigung depressiver Stimmungen, oder bei älteren Leuten durch die Behebung der geringer werdenden Durchblutung des Gehirns durch den Schlaf, die anregende Wirkung aufgehoben wird.
Im Zeitalter des motorisierten Verkehrs wird oft die Frage aufgeworfen, inwieweit die Wirkung des Alkohols durch Coffeineinnahmen kompensiert wird. Nach dem heutigen Stand der Wissenschaft steht fest, daß die Blutalkohol-Konzentration durch Coffein nicht beeinflußt werden kann, dieses also den Alkoholrausch weder beheben noch die Alkoholprobe zu verbessern vermag. Es ist sogar die Meinung ausgesprochen worden (Müller-Limmroth), daß unter bestimmten Bedingungen eine verstärkte Wirkung des Alkohols durch Coffeingaben möglich ist.
Andererseits kann bei Ermüdungserscheinungen oder bei nur geringem Alkoholgenuß eine gewisse Verbesserung der psychomotorischen Leistung festgestellt werden, wobei jedoch eine trügerische Einbildung der gesteigerten Leistungsfähigkeit zum Verhängnis werden kann.
Auch die körperliche Leistung des Menschen kann durch vernünftige Coffeindosen bis zu 0,2 g (ca. 2 Tassen Kaffee) gesteigert werden. Besonders wird dies bei Geschicklichkeitsübungen, Rechenaufgaben und Auswendiglernen, beim Maschinenschreiben und speziell auch bei der Lösung von Schachaufgaben immer wieder angeführt.
Da die effektive Wirkung des Coffeins relativ kurz ist, müßte man bei langandauernden geistigen oder körperlichen Leistungen an ein wiederholtes Einnehmen von Coffein denken, wobei bei solchen Dauerbeanspruchungen die Bekämpfung der Müdigkeit und Langweile eine wesentliche Rolle spielen dürfte.
Als Dopingmittel beim Hochleistungssport ist Kaffee bisher nur wenig in Erscheinung getreten. Es mag dies darin liegen, daß Coffein gegenüber den heute angewandten Pharmaka doch nur einen unbedeutenden Einfluß ausüben und durch die gesteigerte Nervosität bei hoher Coffeineingabe bei einem Wettkampf die Leistungen beeinträchtigen kann.
In bezug auf die Verträglichkeit von Kaffee für den Menschen ist die Menge sehr verschieden und hängt stark von der Gewöhnung an Kaffee oder coffeinhaltige Getränke ab. Als Einzel-Maximaldosis wird 0,5 g und als Tagesmaximaldosis werden 1,5 g Coffein oder gar 3 Liter Kaffee angegeben. Es sind aber Fälle bekannt, in denen täglich über 8 Liter Kaffee ohne nachweisbare und nachträgliche Schädigungen eingenommen wurden. Tödliche Coffeinvergiftungen sind bei der Einnahme von 50 g Coffein festgestellt worden.
Auf den Herzmuskel hat Kaffee einen verstärkenden Einfluß, was bei akuten Herzschwächen vorteilhaft sein kann. Coffein ist die einzige Substanz des Kaffees, welche auf einen erhöhten Kreislauf des Blutes eine Einwirkung hat. Herz- und Gefäßkranke sowie Infarktpatienten und Infarktgefährdete sollten coffeinhaltigen Kaffee meiden.
Schon in den ältesten Schriften ist

Kaffee als harntreibendes Mittel erwähnt, wobei auch diese bestätigte Wirkung dem Coffein zuzuschreiben ist.
Beschwerden durch Reizung des Magen-Darm-Traktes und der Galle werden nicht durch Coffein hervorgerufen, obwohl Kaffee, nicht aber das Coffein selbst, einen Einfluß auf diese Organe ausübt. Diese relativ häufig auftretenden Beschwerden, die den Röstreizstoffen zugeschrieben werden, zeigen sich meist unmittelbar nach dem Kaffeetrinken und äußern sich in Sodbrennen, saurem Aufstoßen, Übelkeit, Brechreiz, Magendruck oder Blähungen. Bei akuter Erkrankung des Magen-Darm-Traktes soll auf den Verzehr von gewöhnlichem Kaffee verzichtet werden.
Bei den beschriebenen Beschwerden ist coffeinfreier Kaffee bzw. sogenannter reizstoffarmer Kaffee zu empfehlen, welche einer speziellen Behandlung unterzogen worden sind.
Damit wollen wir kurz auf andere Kaffeeinhaltsstoffe übergehen, die nachgewiesenermaßen einen gewissen Einfluß auf das Wohlbefinden des Menschen haben.
Die Chlorogensäure des Kaffees wird zu einem großen Teil durch den Röstprozeß zerstört. Sie besitzt eine geringe Toxizität und wirkt sich deshalb im Kaffee aufguß vorwiegend durch ihren sauren Charakter aus, ähnlich wie die Kaffeesäure und Chinasäure des Kaffees. Die Steigerung der zentralen Erregbarkeit beträgt jedoch nur einen Bruchteil derjenigen des Coffeins. Die vorher besprochene Einwirkung auf den Magen-Darm-Trakt ist ebenfalls feststellbar, indem sie im Magen die Salzsäurebildung fördert und eine Anregung der Gallenausscheidung hervorrufen kann.
Auch das Trigonellin, das durch den Röstprozeß teilweise in die für den Körper notwendige Nicotinsäure abgebaut wird, besitzt ebenfalls nur eine geringe oder keine Toxizität. Im Gegensatz zu Coffein und Chlorogensäure hat aber das Trigonellin auf die Gehirnerregbarkeit und die Gallenausscheidung einen gegenteiligen Einfluß, der aber infolge der geringen Mengen, die im Kaffeegetränk vorhanden sind, kaum zur Auswirkung kommt.
Bezüglich der Verträglichkeit von Kaffee muß noch auf einen weit verbreiteten Irrtum hingewiesen werden. Die Behauptung, daß durch Zusatz von Milch zum Kaffeegetränk die Wirkung des Coffeins durch Komplexbildung aufgehoben oder gemildert werden kann, hält keiner wissenschaftlichen Untersuchung stand. Festgestellt wurde, daß das Coffein im Milchkaffee in echter, ungebundener Lösung vorhanden und damit die Aufnahme des Coffeins nicht beeinträchtigt ist, wohl vielleicht etwas verzögert werden kann. Die für viele Personen erwünschte Milderung des herben Kaffeegetränkes und die mit der Milchzugabe erreichte Verdünnung des Aufgusses mag die illusorische Einbildung besserer Verträglichkeit hervorrufen.
Da wir schon von Milch gesprochen haben, so mag vielleicht hauptsächlich die Frauen interessieren, welche Einwirkung der Genuß von coffeinhaltigem Kaffee auf den Säugling hat. Es wurde festgestellt, daß nur ca. 1 Prozent des aufgenommenen Coffeins in die Muttermilch übergeht, da der Organismus der Mutter den größten Teil absorbiert und umsetzt und so die geringe verbleibende Menge keinen Einfluß auf das Kind haben kann.
Ein Wort, das ab und zu in Umlauf ist, heißt Coffeinismus. Er kann nur

Altes Meißner Porzellan aus der Sammlung Heini H. Douque, Amsterdam

für solche Personen Anwendung finden, die trotz starkem Kaffeegenuß am Abend das zunehmende Schlafbedürfnis durch weitere Coffeineinnahmen zu beheben suchen. Die auftretenden Störungen betreffen hauptsächlich das Nervensystem.
Eine Sucht, wie wir sie an Drogen feststellen können, ist für Coffein nicht erwiesen. Das Coffein hat bei normalem Gebrauch nur ausgesprochen fördernde Eigenschaften, und es sind noch nie Anzeichen dafür gefunden worden, die zu einer zwangsweisen Erhöhung der eingenommenen Menge geführt haben. Der menschliche Körper ist mit der Verarbeitung des Coffeins, das ein naher Verwandter der Harnsäure ist, bestens vertraut, so daß seine Ausscheidung rasch und ohne Nachteile erfolgen kann. Von suchtmäßiger Gewöhnung kann nur insofern gesprochen werden, wenn starke Kaffeetrinker Kopfschmerzen, die beim Entzug von Kaffee morgens eintreten können, mit weiterer Coffeinzufuhr zu beheben versuchen.
Wie bei allen künstlich zugeführten Stoffen ist auch das Problem mutagener Störungen, d. h. von Entwicklungsstörungen zu prüfen. Auch hier kann bei normalem Gebrauch eine Beeinflussung ausgeschlossen werden. Auch der Wunschtraum von Eltern, daß Coffein die Geschlechterverteilung beeinflussen könne, kann erfreulicherweise als solcher abgetan werden. Aborte durch Kaffee oder Coffein müssen, wie bei der Einnahme anderer zusätzlicher Stoffe, nur dann angenommen werden, wenn die Mengen, die das Leben von Mutter und Kind gefährden, mutwillig eingenommen sind. Die hübsche Sage vom kastrierten Hengst hat in vielen Ländern die Verbreitung des Kaffeeverbrauchs verzögert, aber obwohl der Kaffeekonsum gewaltig zugenommen hat, ist eine Potenzstörung bisher nie beobachtet worden. Allerdings ist auch daran zu zweifeln, ob die von O. Eichler angeführte sexuelle Stimulation und der erhöhte Liebesgenuß nach der Einnahme von starkem Kaffee der Wirklichkeit nahekommt.
Als letzten Beitrag müssen wir auf die Frage einer erhöhten Krebsgefahr durch Kaffeekonsum eingehen. Nach den erstmals von Roffo 1938 durchgeführten Untersuchungen, die nie wieder bestätigt werden konnten, sollen durch den Röstprozeß Spuren des carcinogenen Benzpyrens im Kaffee vorhanden sein. Es ist nicht zu verheimlichen, daß insbesondere in geräucherten und gerösteten Lebensmitteln solche Verbindungen auftreten können. Die Mengen sind jedoch derart klein, und zudem sind die Produkte praktisch in Wasser unlöslich, so daß man aus einem positiven Befund noch lange nicht auf eine Gefahr hinweisen kann.
O. Eichler publiziert eine Tabelle von Schmidt 1969 über den Benzpyren-Gehalt verschiedener Lebensmittel, in der Mehl, Weizen und Gerste, Malzkaffee, Schwarztee und viele mehr angeführt werden, die einen höheren Gehalt aufweisen als ein Kaffeeaufguß, der im Liter lediglich 0,000 000 003 g Benzpyren enthält. Direkte Versuche mit Tieren und Kaffee haben bis heute zu keinem Nachweis erhöhter Tumorbildung führen können. Lassen wir uns also von solchen wissenschaftlichen Spitzfindigkeiten nicht beängstigen und freuen wir uns weiterhin an dem edlen Getränk.

# Coffeinfreier Kaffee

Wir haben bereits die chemische Verbindung Coffein als glänzende Nadeln kennengelernt und auch von seiner Wirkung auf den menschlichen Körper in befürwortendem oder abweisendem Sinne Kenntnis erhalten. Wir wissen auch, daß die Nutzung des Kaffees einmal dem herrlichen Duft zuzuschreiben ist, andererseits aber auch die stimulierende Wirkung des Getränks zu seiner weltweiten Verbreitung beigetragen hat. Die physiologische Wirkung des Kaffees wird vor allem dem Gehalt an Coffein zugeschrieben. Diese Wirkung, die besonders Herz und Kreislauf zu beeinflussen vermag, ist aber nicht allen Personen zuträglich. Insbesondere die Schlafstörungen, die den Mönchen als erstrebenswertes Ziel galten, werden von den heutigen sensibleren Menschen oft als störend, wenn nicht als unerträglich angesehen.
Im Gegensatz zum Tee, der dasselbe Alkaloid, aber größtenteils in chemisch gebundener Form enthält, wirkt das freie Coffein im Kaffee unmittelbar und für Stunden schlafhemmend. Dieses Wachsein, mit lebhaftem, ja sprunghaftem Gedankenfluß und oft mit starkem Herzklopfen verbunden, hält manchen Kaffeeliebhaber ab, diesem Genuß zu fröhnen. Es war deshalb für einen großen Personenkreis eine beglükkende Erfindung, dem Kaffee künstlich das Coffein zu entziehen, wobei das köstliche Aroma und der feine Geschmack dem Getränk erhalten bleiben.
Schon um die Jahrhundertwende versuchten Nicolai und später Wimmer und Detlefsen zu diesem Ziele zu gelangen, aber erst Ludwig Roselius fand 1905 ein Verfahren, das den coffeinfreien Kaffee zu weltweitem Erfolg führte.
Im Prinzip hat sich das Coffein-Extraktionsverfahren aus den Kaffeebohnen praktisch wenig verändert, doch wurden durch ständige Verbesserungen wichtige und entscheidende technische Fortschritte in bezug auf die Qualität des behandelten Kaffees erzielt.
In rotierenden Trommeln oder stehenden zylindrischen Gefäßen wird der Kaffee zunächst mit Wasserdampf behandelt, um den Wassergehalt im Kaffeegut um 10 bis 30 Prozent zu erhöhen. Dadurch werden die Coffeinsalze gespalten und das Coffein zum Entzug frei und kann durch die geöffneten Poren der Bohnenoberfläche nach außen diffundieren. Mit leichtflüchtigen organischen Lösungsmitteln wird das Coffein bei niederen Temperaturen von 40 bis 70° C herausgelöst. Hierauf wird das verwendete Lösungsmittel mit Wasserdampf ausgetrieben und der noch feuchte Kaffee getrocknet.
Der so behandelte Kaffee, der sich von dem unbehandelten Rohkaffee infolge der Wärmebehandlung nur durch eine etwas dunklere Farbe unterscheidet, wird normal geröstet und weiterverarbeitet.
An das verwendete Lösungsmittel müssen strenge Reinheitsforderungen gestellt werden. Ebenso peinlich muß auf die restlose Entfernung des Lösungsmittels geachtet werden, was mit äußerst empfindlichen Analysemethoden geprüft wird, die weltweite Anwendung gefunden haben. Der coffeinfreie Kaffee muß unter 0,1 Prozent Coffein aufweisen, die praktisch gehaltenen Zahlen bewegen sich zwischen 0,02 und

0,05 Prozent. Bei der Tassenprüfung unterscheidet sich coffeinfreier praktisch nicht von coffeinhaltigem Kaffee.

Es fehlt nicht an Patenten und Versuchen, neue Entcoffeinierungsverfahren zu entwickeln, doch hat bisher keines eine praktische Bedeutung erhalten. Aussicht auf Erfolg kann dem Verfahren zugesprochen werden, statt dem üblichen Lösungsmittel Kohlendioxidgas in überkritischem Zustand zu verwenden. Erschwerend wirkt sich bei dieser Methode der hohe Druck von 100 bis 300 Atü aus.

Natürliche coffeinfreie Kaffees wurden auf Madagaskar gefunden. Coffea buxifolia besitzt einen sehr geringen Coffeingehalt, ist aber wegen seines bitteren Geschmacks durch Cafamarin nicht als Getränk verwendbar.

Es werden auch große Anstrengungen gemacht, durch Kreuzungen etc. coffeinfreie oder coffeinarme Sorten zu züchten, doch haben diese langzeitigen Untersuchungen noch zu keinem verwertbaren Ergebnis geführt.

# Reizstoffarmer Kaffee

Wir wissen, daß das Coffein eine Wirkung auf die Herz- und Kreislauftätigkeit hat und auch andere Inhaltsstoffe des Kaffees Magen, Darm und Galle beeinflussen können. Für empfindliche Personen ist nach Genuß von Kaffee das sogenannte Sodbrennen ein nicht unbekannter Begriff. Die Ursache dieser Unbekömmlichkeitserscheinungen ist nach Wurziger den Röstreizstoffen zuzuschreiben und besonders der dünnen Wachsschicht, welche die Kaffeebohne überzieht. Als weitere Ursachen werden Fette und Säuren wie Kaffeegerbsäure und Chlorogensäure genannt.

Um auch diesem Personenkreis den Kaffeegenuß zu erhalten, sind verschiedene Verfahren vorgeschlagen worden. Schon lange bekannt ist die Dampfbehandlung des Rohkaffees nach Lendrich und das Bach-Verfahren durch Behandlung des gerösteten Kaffees mit flüssiger Kohlensäure. Beiden Verfahren wird eine bessere Bekömmlichkeit des Kaffeeaufgusses zugesprochen.

Im Gegensatz zu coffeinfreiem Kaffee, dessen Coffeinfreiheit analytisch nachgewiesen werden kann, war lange Zeit eine Prüfung des milden, reizarmen oder bekömmlichen Kaffees nicht möglich. Dies hat dazu geführt, daß auch normalem Röstkaffee unter Phantasienamen eine bekömmliche Wirkung zugeschrieben wurde. Um diesem Unfug zu steuern, war es wiederum Wurziger, der vorgeschlagen hat, derart behandelten Kaffee aufgrund des Carbonsäure-5- hydroxidtryptamid-Gehaltes (CHT) zu beurteilen. Diese CHT, die von Wurziger in der äußeren Wachsschicht der Bohnen entdeckt wurden, können als Nachweissubstanzen für eine zusätzlich durchgeführte Behandlung gewertet werden. Der CHT-Gehalt in normalem Röstkaffee liegt zwischen 600 und 1200 ppm (mg/kg), derjenige von behandeltem Kaffee zwischen 200 und 300 ppm. Diese Nachweismethode erlaubt irreführende Anpreisungen richtigzustellen, indem sogenannter naturmilder Kaffee, bei dem kein verminderter Gehalt an CHT gefunden werden kann, nicht als reizarm ausgegeben werden darf.

Die heute angewandten Verfahren beruhen, wie bei der Herstellung von coffeinfreiem Kaffee, auf einer Verminderung des äußeren Wachsanteiles durch Behandlung des trockenen Rohkaffees mit leichtflüchtigen Lösungsmitteln und anschließender intensiver Dampfbehandlung oder auf Verminderung der CHT-Werte durch oxydativen Eingriff.

In coffeinfreien Kaffees sind diese Röstreizstoffe ebenfalls auf ein Minimum abgebaut. Sie können deshalb die Bezeichnung „reizstoffarm“ mit Recht beanspruchen. Der lediglich reizstoffarme Bohnenkaffee weist andererseits den vollen Coffeingehalt auf und ist deshalb coffeinempfindlichen Personen nicht zu empfehlen.

Beim heutigen Stand der medizinischen und chemischen Beurteilung wird also die Unverträglichkeit ausschließlich dieser äußeren Wachsschicht und deren Inhaltsstoffen zugesprochen. Es ist aber sehr wahrscheinlich, daß weitere Forschungen auch andere Kaffeebestandteile mitberücksichtigen werden, die eine Einwirkung auf den Organismus ausüben können.

# Kaffee-Extrakte – Pulverkaffee

Wie wir schon beim Rösten und Mahlen des Kaffees erfahren haben, ist es verständlich, daß die Technik Mittel und Wege suchte, der Hausfrau auch bei der Zubereitung des Kaffeegetränkes Mühe und Arbeit zu ersparen. Zunächst versuchte man die Mahlung so fein zu gestalten, daß ähnlich wie beim Kakao das feinst gemahlene Kaffeepulver im Aufguß in Schwebe bleibt und damit kein Kaffeesatz zu Boden sinkt. Da diese Versuche zu keinem Erfolg führen konnten, ging man schon um die Jahrhundertwende dazu über, den filtrierten Kaffeeaufguß zu konzentrieren oder zu einem feinen Pulver zu trocknen. Dieses lösliche Kaffeepulver, das vorwiegend in Amerika in den Handel kam, fand lange keinen Anklang, da alle aromatischen Teile durch den unvollkommenen Prozeß verlorengingen und der daraus hergestellte Kaffeeaufguß auch geschmacklich nicht befriedigen konnte. Erst in den dreißiger Jahren gelang es Morgenthaler, ein lösliches Kaffeepulver herzustellen, das zum endgültigen Erfolg des löslichen Kaffees führen sollte. Löslicher Kaffee, der auch unter den Namen Instant-Kaffee, Pulverkaffee, Schnellkaffee oder auch als Kaffee-Extrakt bekannt geworden ist, kann je nach dem Eindickungsgrad in flüssiger, pastenförmiger oder fester Form hergestellt werden, wobei das Kaffeepulver im Handel überwiegend anzutreffen ist.

Man unterscheidet bei den trockenen löslichen Kaffeeprodukten zwischen „sprühgetrockneten" und „gefriergetrockneten" Extrakten. Diese Pulver können durch Agglomerisation zu einem kömigen Produkt geformt werden und damit eine ähnliche Struktur wie gemahlenes Kaffeepulver aufweisen.

Im wesentlichen unterscheidet sich die Kaffee-Extrakt-Gewinnung nicht von der im Haushalt üblichen Herstellung des Kaffeegetränkes mit heißem Wasser und anschließender Filtration des Aufgusses. Grobgemahlener Röstkaffee wird in stehenden Behältern aus rostfreiem Stahl, in den sogenannten Perkolatoren, im Gegenstromprinzip unter erhöhter Temperatur unter Druck ausgelaugt. Das heiße Wasser, das beim Eintritt in die Kolonne bis zu 200° C aufweisen kann, durchströmt die Perkolatorenbatterie, wobei eine Temperaturerniedrigung angestrebt wird, so daß diese beim Austritt noch 50-80° C beträgt. Nach einer gewissen Zeit ist der Kaffee im ersten Extraktionsbehälter genügend extrahiert. Dieser wird nun ausgeschaltet und durch einen neuen, mit frischem Kaffee gefüllten Behälter am Ende der Kolonne ersetzt. Während im Haushalt Extraktionsausbeuten von ca. 20 Prozent erzielt werden, was einer Konzentration des Kaffeegetränkes von 1,1-1,4 Prozent entspricht, erhalten wir bei dieser kontinuierlichen Batterie-Extraktion infolge der langen Verweilzeit, der hohen Temperatur und dem entsprechend erhöhten Druck Ausbeuten von 30 bis 50 Prozent, bei einer Konzentration der Extraktionsflüssigkeit von 20 bis 30 Prozent. Wir sehen also, daß bei der gewerblichen Extraktherstellung bedeutend mehr Stoffe dem gerösteten Kaffee entzogen werden, als es in der Küche üblich ist. Dies und der Umstand, daß bei der mstant-Kaffee-Her-

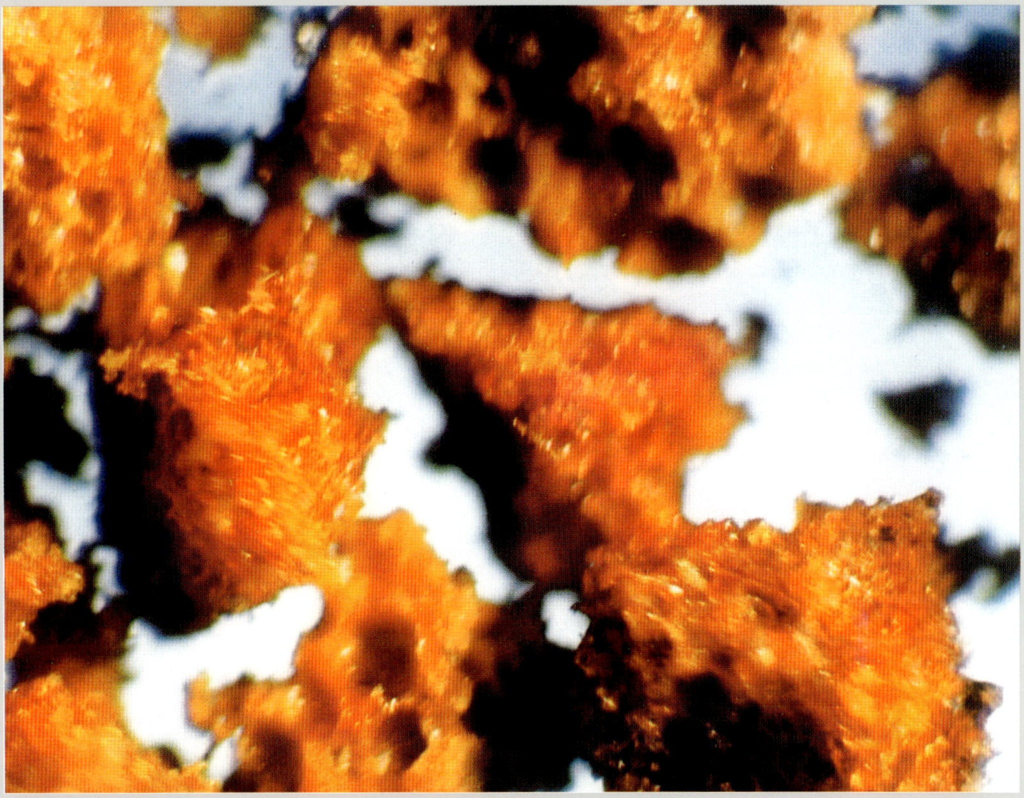

Gefriergetrockneter Kaffee unter dem Mikroskop

Mikroaufnahme von sprühgetrocknetem Kaffee

stellung vielfach ein hoher Gehalt an Robusta-Kaffee vorgezogen wird, gibt uns die Erklärung, weshalb die Kaffeeaufgüsse geschmacklich und geruchlich stark verschieden sind. Schließlich wird die so zubereitete Extraktlösung durch Filtrieren, z. B. in einer Zentrifuge, geklärt und auf einen Feststoffgehalt von 35 bis 40 Prozent konzentriert. Diese konzentrierte Extraktlösung wird nun getrocknet.

Bei der früher ausschließlich angewandten Sprühtrocknung wurde die Lösung unter hohem Druck in einem Sprühturm sehr fein zerstäubt, unter gleichzeitiger Zufuhr von Heißluft. Die feinverteilten Kaffeetröpfchen fallen auf den Boden des Sprühturms und trocknen auf diesem Wege zu kugelförmigen Hohlteilchen. Diese werden nun ausgesiebt, auf pneumatischem Wege in einen Sammelbehälter geführt und daraus abgesackt.

Anlage für Sprühtrocknung von Katfee Extrakt

Der feine Kaffeestaub wirkt wie Staub auf der Straße, oft wasserabstoßend, wodurch die Löslichkeit in Wasser beeinträchtigt wäre. Dadurch werden diese feinen Körnchen in speziellen Anlagen wieder leicht befeuchtet und zu gröberen Kaffeepartikeln agglomeriert.

Eine wesentliche Verbesserung des Trocknungsverfahrens stellt die Gefriertrocknung dar. Zu diesem Zweck wird die konzentrierte Kaffee-Extrakt-Lösung aufgeschäumt und je nach der gewünschten Farbe des Endproduktes in verschiedener Weise gefroren. Dieses Kaffee-Eis wird nun auf die gewünschte Korngröße gemahlen und in Hochvakuumanlagen bei geringer Wärmezufuhr das Wasser durch Sublimation entfernt.

Bei der Extraktionsbehandlung tritt eine gewisse Veränderung des Kaffees ein. Diese Geschmacksumbildung kann durch eine noch so milde Trockungsart nicht mehr aufgehoben werden. Da die flüchtigen Aromastoffe auch durch die schonendste Behandlung der geschilderten Extraktherstellung zum Teil verschwinden, wird das Kaffeepulver nachträglich aromatisiert. Solche Aromastoffe können durch Wasserdampfdestillation aus dem gerösteten Kaffee vor der Wasserbehandlung, durch Auspressen von frischem Kaffeepulver oder durch Extraktion mit Lösungsmitteln aus demselben gewonnen werden.

Wenn wir heute teilweise gute wasserlösliche Kaffees im Handel antreffen, so ist es doch noch ein weiter Weg und es bedarf großer Forschungsaufwendungen, um ein Produkt herzustellen, das einem Getränk aus frischem Kaffee auch nur annähernd gleichkommt.

Es kann aber auch möglich werden, daß sich die heutige Generation so an die neue Geschmacksrichtung gewöhnt, daß der Aroma- und Geschmacksreichtum des frischen Röstkaffees nicht mehr unbedingt begehrt wird.

# Kaffee-Ersatz und Kaffee-Zusatz

Nach dem schweizerischen Lebensmittelbuch werden diese Stoffe wie folgt umschrieben: „Als Kaffee-Ersatzmittel (Surrogate) und als Kaffee-Zusatzmittel werden die verschiedenartigsten zucker-, inulin- und stärkehaltigen Produkte pflanzlicher Herkunft geröstet und anschließend gemahlen. Sie gelangen einzeln oder in verschiedenen Mischungen, eventuell mit einem bestimmten Anteil Röstkaffee, in den Handel. Ersatzmittel (Surrogate) liefern durch Ausziehen mit heißem Wasser ein kaffeeähnliches Getränk."

Warum benötigen wir solche Ersatz- und Zusatzstoffe für ein Getränk wie Kaffee, das nur als solches die wahre Empfindung des Genusses hervorbringen kann? Zur Beantwortung dieser Frage müssen wir daran denken, daß Kaffee von jeher ein Importartikel war und bleiben wird und somit hohe Devisenbeträge erforderte, die Staatskasse stark belastete und besonders in Krisen- und Kriegszeiten große Versorgungsschwierigkeiten eintraten.

Eine Preisfrage war es auch, daß schon in den frühen Jahren der Nutzung des Kaffees nach pflanzlichen Stoffen gesucht wurde, um der breiten Bevölkerung ein kaffeeähnliches Getränk bieten zu können. Von allen möglichen Pflanzen, von der Wurzel über Stengel, Blätter bis zu den Früchten wurden Bestandteile getrocknet, geröstet und gemahlen. Dabei entstehen wie beim Kaffee geräucherte und gebrannte Produkte, die beim Aufkochen mit Wasser braune Getränke ergeben. Diese Aufgüsse enthalten jedoch weder Coffein noch die Aroma- und Geschmacksstoffe von Kaffee. Bontekoe, den wir ja bereits als einen Befürworter des Kaffees kennengelernt haben, schreibt über Kaffee-Ersatzgetränke wie folgt: „Aber ob man alleine Coffee-Bohnen rösten solle und zu Pulver machen, harnach in Wasser aufkochen und ausschlurfen, das Pulver zurücklassend, ist eine Sache, die diejenigen erfahren können, die andere Bohnen oder auch wohl Castanien oder Rocken oder Weitzen, ja Brod und Kuchen selbst rösten und mit Wasser zu einem Tranck machen, welchen wir so gut befunden haben als Türkischen Coffee, auch curiosen Engeländern vorgesetzt, die ihn denn zu unterscheiden nicht gewußt haben."

Nur wenige der unzähligen vorgeschlagenen Ersatzprodukte haben sich durchgesetzt, diese spielen aber mengenmäßig eine bedeutende Rolle. Es sollen hier nur die gebräuchlichsten angeführt werden.

Als eines der wichtigsten Ersatzprodukte muß die Zichorie angesehen werden. Die Zichorienpflanze oder auch Wegwarte genannt finden wir wildwachsend in ganz Europa, wo wir die hellblau blühende Pflanze auf Feldwegen und an Straßenrändern antreffen. Ebenso geläufig ist uns die Zichorie als Salat, von der wir die gebleichten Wintertriebe als Chicoree schätzen. Schon im Altertum wurde die Wurzel dieser Pflanze als Heilmittel verwendet. Ende des 18. Jahrhunderts begann der Anbau der Zichorienwurzel als Kaffee-Ersatz. Die Zichorien werden in Kulturen angepflanzt, um ein üppiges Wurzelwachstum zu erreichen. Nach der Ernte werden die Wurzeln gewaschen, in Schnitzeln gedörrt und in modernen Röstmaschinen geröstet. Die gerösteten Schnitzel werden sehr fein gemahlen und kommen meistens als Kaffee-Zusatzmittel in den Handel. Auch als Zusatzmittel in wasserlöslichem Kaffee ist dieses Produkt sehr beliebt.

In Deutschland stark verbreitet finden wir ein anderes Kaffee-Ersatzprodukt, den Getreidekaffee. Die ungeschälten Getreidekörner, vorwiegend Gerstenkörner, werden aufgeweicht und einem Keimungsprozeß unterworfen, dem sogenannten Mälzprozeß, weshalb dieser Kaffee auch Malzkaffee genannt wird, wobei sich ein Teil der Stärke in Malzzucker umwandelt. Sehr bekannt wurde dieses Ersatzprodukt durch den Gesundheitsfanatiker Pfarrer Sebastian Kneipp, der gegen den „giftigen Kolonialkaffee" eine nicht erfolglose Attacke ritt.

Ähnlich dem Zichorienkaffee ist der Rübenkaffee, hergestellt aus Runkelrüben. Ferner sind, hauptsächlich während der Kriegsjahre, Eicheln, Johannisbrot, Feigen, Obst, Roßkastanien und Leguminosen, wie Lupinen, Wicken, Sojabohnen und andere, als Ausgangsprodukte für Ersatz-Kaffee und Kaffee-Zusätze verwendet worden.

Wir möchten hier eine kleine Geschichte einfügen, wie man sich auswärts vor Zichorienkaffee schützen kann. Sie wird Bismarck und in ähnlicher Fassung auch Brahms zugeschrieben (nach Söhn):

Der eiserne Kanzler war ein großer Freund eines guten Kaffees, aber eines wirklichen Kaffees und keines „Muckefucks". Wenn er sich in heimatlichen Gefilden aufhielt, wußte er darauf zu achten, daß man ihm nichts in den Kaffee tat, was nicht hinein gehörte. Auswärts war dies jedoch manchmal schon schwieriger, zumal dort, wo er vielleicht als Unbekannter hinkam. Aber auch hier wußte sich Fürst Bismarck zu helfen.

Es war während des Krieges 1870/71, als die preußische Armee in Frankreich stand, daß Bismarck in eine Landschenke einkehrte. Dienstbeflissen näherte sich der Wirt und erkundigte sich nach den Wünschen des Gastes.

„Haben Sie Zichorie im Haus", war die Frage des Fürsten.

„Sehr wohl, mein Herr", entgegnete der Wirt eifrig.

„Gut, bringen Sie mir alles, was Sie haben."

Der Mann gehorchte kopfschüttelnd, nicht recht wissend, was der sonderliche Fremde mit seinem ganzen Vorrat Zichorie anzufangen gedenke. Unverzüglich kehrte er jedoch zurück und händigte Bismarck eine große Blechbüchse Zichorie aus.

„Ist das auch wirklich alles, was Sie haben?" erkundigte sich der Kanzler eingehend.

„Gewiß, mein Herr, alles bis aufs letzte Körnchen", gab ihm der Wirt zu Bescheid.

„Nun gut", entgegnete Bismarck, die Blechbüchse bei sich behaltend, „dann gehe nun und mache mir einen Topf Kaffee."

# Die Zubereitung des Kaffees

Der Kaffee wurde ursprünglich als Medizin und als Nahrungsmittel eingenommen, indem die getrockneten Kaffeebohnen zerstoßen, mit Fett gemischt und zu Ballen geformt wurden. Den Nomaden diente diese Speise auf ihren langen Märschen als erfrischende Wegzehrung.
Zu einem späteren Zeitpunkt wurde ein Aufguß der Bohnen und getrockneten Schalen, wozu auch getrocknete Kaffeeblätter Verwendung fanden, als Wein getrunken.
Das erste Rösten der Kaffeebohnen wird auf das 13. Jahrhundert datiert, womit das duftende Getränk seinen Weg in die Welt nahm.
Bevor wir uns der heutigen Zubereitung des Kaffeegetränkes zuwenden, lassen wir uns von Petrus Della Valle in einem Bericht aus dem Jahre 1674 über die damalige Kunst des Kaffeetrinkens belehren:
„Die Türken haben noch einen andern Trarick, der schwarz ist, und zur Sommerzeit trefflich kühlet, im Winter aber sehr erwärmt, obschon derselbe an seinem Wesen nicht verändert wird und allzeit einerley Tranck bleibt, den man warm mit langen Zügen, nicht über, sondern nach der Mahlzeit für Kurtzweil und unter gutem Gespräch trinket. Zu diesem Ende wird ausdrücklich ein großes Feuer unterhalten, bey welchem man kleine Porcellinene Schalen, so mit diesem Tranck aufgefüllt sind in Bereitschaft hält und wann derselbe warm genug ist, so seyend gewisse Leute hierzu bestellet, die nichts anderes thun, als daß sie diese kleinen Schalen, so warm als sie können, der Gesellschaft bringen und da benebenst einem jeden etliche Melonen-Kernen geben, dieselbe für die lange Weil zu kauen; und mit solchen Kernen und diesem Tranck, den sie Cahwe nennen, bringen sie mit ihren Zusammenkünften, entweder auf ihre allgemeinen Festtage, oder wann sie für sich selbst lustig seyn wollen, bis weilen wohl sieben oder acht Stund zu. Dieser Tranck wird auf folgende Weise gemacht: Sie brennen entweder die Rinde oder die Nüsse, ein jeder nach seinem Lust und Belieben und machen ein sehr zartes, schwärzliches Pulver und lasset man dasselbe mit Wasser in sonderbaren hierzu gemachten Geschirren sieden, welche eine lange Schnaupen haben, damit mans bequemlich in die kleinen Schalen gießen könne, und wann das Wasser genug gesotten, wirft man von diesem Pulver nach Anzahl der Personen, so davon trinken sollen, hinein, und lasset alsdann dieses Wasser und Pulver zugleich miteinander eine Zeitlang aufsieden bis es seinen unannehmlichen bittern Geschmack, den es wann es nicht gesotten worden, jederzeit behält, verloren.
Darnach geust man diesen Tranck, denselben so warm, als es der Mund und Schlund erleiden kann, zu trinken, wie gedacht, in kleine Porcellinene Schalen und schluckt denselben, wann er den Geschmack und die Farbe des Pulvers angenommen, und das Dicke sich auf den Grund gesetzt hat, wegen seiner wirklichen Hitze, nach und nach, und zu unterschiedlichen Absätzen, hinunter.
Denselben aber noch annehmlicher zu machen, so mischet man unter dieses Cahwe Pulver viel Zucker, Zimmt und ein wenig Nägelein, welches ihm einen lieblichen Ge-

schmack gibt und ihn viel nahrsamer machet. Jedoch ist dieser Tranck ohne dergleichen Gewürtz mit dem bloßen Cahwe Pulver an und für sich selbst annehmlich genug, und wann ihnen zu glauben, der Gesundheit sehr dienlich."

Wir wollen uns nun über die Art und Weise, wie man einen guten Kaffeeaufguß herstellen soll, unterhalten. Es wird sehr viel Kaffee getrunken, aber leider in den Ländern des größten Konsums sehr viel schlechter Kaffee.

Ob uns ein Kaffee mundet, kann, wie wir schon gesehen haben, einmal von der Kaffeesorte und der Qualität und andererseits von der Röstung der Kaffeebohne abhängen. Ebenso spielt die Mahlung der Kaffeebohne eine Rolle. Diese soll ein feinkörniges Pulver ergeben, und nur für „Türkischen Kaffee" oder für spezielle Espressomaschinen kann ein sehr feines Pulvermehl von Vorteil sein.

Diese Vorbereitungsarbeiten werden der Hausfrau heute ja weitgehend durch den Lieferanten abgenommen, und sie hat „nur noch" das Getränk herzustellen. Dieses „nur noch" ist nun aber von ausschlaggebender Bedeutung für die Qualität des Getränkes. Nicht umsonst hat Sybille Schall ihr ausgezeichnetes Büchlein betitelt „Die Kunst Kaffee zu trinken", denn es ist wirklich eine Kunst, der Kaffeebohne ihre Aroma- und Geschmacksanteile zu einem begeisternden Getränk zu entlocken.

Ursprünglich wurde das Kaffeekochen in mehreren Intervallen durchgeführt, indem man den Topf oder Kessel immer wieder vom Feuer nahm und das Wasser darauf etliche Male wieder zum Sieden brachte.

Diese Herstellungsweise wird als „türkischer Kaffee" heute noch angewandt, indem man feines Kaffeepulver mit oder ohne Zuckerzusatz in einem Kännchen etwa dreimal leicht aufkocht, eventuell mit kleinen Spritzern Wasser abschreckt und alsdann vorsichtig in Täßchen abgießt, um nach Möglichkeit die Kaffeelösung vom abgesetzten Satz zu trennen.

Alles, was wir bisher über Kaffee gehört haben, bestärkt uns in der Vermutung, daß durch das Kochen des Kaffeepulvers kein aromatischer Trank entstehen kann, da die kostbaren, flüchtigen Aromastoffe wohl eine angenehm aromatisierte Küche ergeben, dem Getränk aber leider verloren sind.

Wir müssen uns der kaffeebesessenen Sybille Schall zuwenden, die mit genießerischer Eindrücklichkeit das Aufgießen von Kaffee in einer angewärmten Porzellankanne – „Metall bringt immer einen Mißklang in die reine Melodie des Kaffees, Steingut macht ihn dumpf, Glas läßt ihn häßlich aussehen, Kaffee schreit nach Porzellan" – beschreibt.

Das Kaffeepulver wird in einer Porzellankanne mit eben zum Sieden gelangendem Wasser portionenweise übergössen, der Krug wird gut verschlossen und warmgehalten und der Inhalt der Kanne einmal umgerührt und ca. 10 Minuten stehengelassen. „Jede Minute, die Kaffeemehl und Wasser möglichst innig glühend miteinander verbringen, trägt köstliche Frucht." Der Kaffeesatz hat sich gesetzt, und „was nun in die nicht zu flache Porzellantasse fließt, das ist reiner wahrer Kaffee, und jede Beigabe schwächt, vermindert ihn, schmälert die ureigenste Kraft und unterbindet die Offenbarung, die aus dem Geheimnis Kaffeebohne erblüht".

Diese reine Kaffeepoesie kann dem nüchternen Alltag nicht standhalten. Schon im 18. Jahrhundert versuchte man den Kaffeesatz auszuscheiden, um ein klares Getränk zu erhalten. Anfänglich erfolgte dies mit feinen silbernen Kaffeesieben oder die durch längeren Gebrauch übelriechenden Kaffeefiltersäcke aus Textilien, bis die Dresdner Haus-

frau Melitta Benz in mühseliger Kleinarbeit den uns heute geläufigen Papiereinsatz zur Filtration des Kaffeeaufgusses zur Verfügung stellen konnte.
Ob wir, wenn wir eine funkelnd klare Lösung machen, auch die Geschmackseigenschaften verbessern, darüber läßt sich streiten.
In der Entwicklung der Technik hat es nicht daran gefehlt, Apparate und Maschinen zu entwickeln, um eine schnellere und einfachere Herstellung des Aufgusses zu ermöglichen. Die ersten „Kaffeemaschinen" beschränkten sich auf die Warmhaltung des Aufgusses, indem Kaffeekannen auf zierlichen Beinen und meist mit einer Aufgußvorrichtung versehen waren, über eine kleine Flamme gestellt wurden.
Einen Fortschritt brachte die Tröpfelmethode oder das Perkolatorenprinzip, bei welchem das heiße Wasser in kleinen Portionen langsam durch das Kaffeepulver, das in einem siebähnlichen Behälter eingefüllt ist, sickert. In den neuen Maschinen wird auch die Zubereitung des heißen Wassers in demselben Apparat ausgeführt und das durch ein Steigrohr durch den Dampfdruck verdrängte Wasser in einem oberen Glasbehälter gesammelt, um anschließend bei der Abkühlung des unteren Verdampfungsgefäßes unter Vakuumwirkung durch den Kaffee zurückzufließen. Es gibt eine große Anzahl solcher Ausführungen, die auch als Schauobjekt auf dem Stubentisch die Gesellschaft unterhalten.
Nach dem ähnlichen Prinzip arbeiten auch Kaffeemaschinen des Gewerbes, wobei verschiedene Ausführungen zur Anwendung kommen. In großen Brühfiltern wird der nicht zu fein gemahlene Kaffee mit heißem Wasser, gewöhnlich ohne Überdruck, in Berührung gebracht, wobei eine gewisse Ausziehungszeit eingehalten werden kann oder ein freier Durchfluß des Wassers durch das Kaffeebett vollzogen wird. Das Kaffeegetränk wird dabei in größeren Mengen hergestellt und über längere Zeit nahe dem Siedepunkt gehalten.
Aus Italien kommend, hat heute der Espresso-Kaffee auch in unseren Gegenden vermehrt Liebhaber gefunden. Bei diesen Maschinen wird ein starkes Kaffeegetränk tassenweise jeweils mit frischem Pulver hergestellt. Anfänglich verwendete man hocherhitztes Wasser unter Druck oder Pressluft, heute jedoch vorwiegend Kolbenmaschinen, in denen das heiße Wasser unter starkem Druck durch die Kaffeepakkung gepresst wird. Für diese Zubereitung werden die Kaffeebohnen fein gemahlen und dem Ursprungsland Italien entsprechend oft stärker geröstet verwendet.
An öffentlichen Ausschankstellen, auch in Gaststätten mit Selbstbedienung und in Fabrikkantinen werden heute vielfach Kaffee-Automaten angetroffen. In diesen kann außer Kaffeepulver auch wasserlöslicher Kaffee Verwendung finden. Wie in der Automation allgemein, so richtet sich auch die Güte des Getränkes nach der Eingabe, die der Maschine vorbefohlen worden ist. Ganz allgemein werden oft sehr leichte Kaffees, eventuell sogar Mischungen mit Ersatzstoffen angetroffen.
Welche Mengen Kaffeepulver sollen für ein gutes Getränk verwendet werden? Das richtet sich ganz nach der Gewohnheit und Geschmacksrichtung des Verbrauchers. Normalerweise rechnet man mit 50 bis 60 g für einen Liter Wasser, wobei für starke Kaffee-Aufgüsse, wie Espresso-Qualitäten, mit der drei- bis vierfachen Menge gerechnet werden muß. Die Stärke und die Sinnesempfindung richtet sich nicht nur nach der verwendeten Kaffeemenge, sondern wie schon angedeutet nach der Qualität des Kaffees, nach dem Röstgrad, der Zubereitungsmethode und, wie wir

nachfolgend sehen werden, nach der Qualität des Wassers.
Da normalerweise unser Trinkwasser durch Versickerung des Regens, der Flüsse und Seen durch das Erdreich filtriert und gereinigt wird, sind je nach Zusammensetzung der Erdoberfläche die darin gelösten Mineralien in Bezug auf Menge und Art sehr verschieden. Gewöhnlich unterscheiden wir zwischen hartem und weichem, d. h. mehr oder weniger kalkhaltigem Wasser, was wir schon beim täglichen Waschen feststellen können. Allgemein können wir sagen, daß jedes frische Trinkwasser sich zur Kaffeezubereitung eignet, wovon jedoch, insbesondere in Gebirgsgegenden, stark mineralhaltige Wasser nur bedingt geeignet sein können. Der normale Mineralstoffgehalt des Wassers ist mit den kaffeeeigenen Stoffen die Grundlage des Wohlgeschmackes eines Kaffeegetränkes. Diese Harmonie kann nur durch abnormal hohen oder ganz spezifischen Salzgehalt gestört werden. Es ist auch nicht zu empfehlen, destilliertes Wasser (leicht säuerlich) oder auch „enthärtetes Wasser" in der Küche zu gebrauchen. Ist kein Trinkwasser aufzubringen, so kann nach Söhn, „Von Mokka bis Espresso", auch Mineralwasser Verwendung finden, das man durch Aufkochen von überschüssiger Kohlensäure befreit.
Diese Behandlung des Wassers ist auch notwendig, wo Desinfektionsmittel wie Chlor für die Trinkwasseraufbereitung verwendet wird oder wo nur gestandenes Wasser zur Verfügung steht.
Wie wir im anschließenden Teil der Kaffeerezepte noch ausführlich schildern werden, hat sich auch die Schokolade, ebenfalls ein alkaloidhaltiges Naturprodukt, mit dem Kaffee befreundet, und diese bilden zusammen eine Allianz, die anspruchsvollen Genießern ein Getränk von einem neuen Zusammenspiel an sich grundverschiedener Geschmacksrichtungen bietet.
Aber auch die ursprünglich größten Gegner, Alkohol und Kaffee, haben ihren Hader aufgegeben und sind ein angenehmes Verhältnis eingegangen, so daß unter verschiedenen Namen alle Branntweine und Liköre der Welt in Mischungen mit Kaffee anzutreffen sind und dem nach einer üppigen Mahlzeit strapazierten Magen eine Erleichterung bringen.

# Lob des Kaffees

Die bekannteste Lobpreisung des Kaffeegetränkes wird dem französischen Diplomaten Talleyrand zugeschrieben, dürfte jedoch in Arabien seinen Ursprung gehabt haben:
„Schwarz wie der Teufel
Heiß wie die Hölle
Rein wie ein Engel
Süß wie die Liebe."
Zu diesem Wortspiel dürfen wir auch die Mätresse und ständige Beraterin des französischen Königs Ludwig XV., Madame Pompadour, einschalten, die wohl dem König, aber auch dem Kaffee hohe Referenz erwies, indem an ihrem Hofe, nach arabischer Sitte, der Kaffee mit vollendetem Prunk durch eine hübsche Nubierin aufgetragen wurde. Als bleibendes Denkmal in der Geschichte des Kaffees muß der Pompadour die Schöpfung der Porzellanmanufaktur von Sevres zugeschrieben werden. Durch Verrat hatte sie das Geheimnis zur Herstellung von Porzellan erfahren, nachdem es Böttger 1708 in Dresden gelungen war, Porzellan erstmals in Europa herzustellen. Damit hatte das Kaffeegetränk das edelste Gefäß gefunden, in dem sein Reichtum sich voll entfalten konnte.
Am Hofe Frankreichs müssen als größte Huldigung des Kaffees und der weiblichen Schönheit diejenigen Tassen gewertet werden, welche dem Busen der schönen Marie Antoinette nachgebildet waren.
Zum Lobe des Kaffees lassen wir nun in bunter Folge gelehrte Häupter an uns vorbeiziehen, die uns von der Anregungskraft des schwarzen Getränkes ein deutliches Bild geben mögen.
Honore de Balzac ist uns als ungeheurer Schaffer bekannt, aber ebenso groß soll sein Kaffeekonsum gewesen sein. Ohne Kaffee keine Arbeit, oder wenigstens nicht jene unablässige Arbeit, der sich Balzac verschworen hatte. 50000 Tassen Kaffee von peitschender Schwärze und Stärke soll er während der Arbeit an seinem Werk „Comédie humaine" getrunken haben.
Niemandem überließ er den Einkauf und die Zubereitung dieses Zaubermittels, das allein diese phantastische Arbeitsmaschine immer wieder in Gang bringen konnte. Er verwendete stets dieselbe Mischung aus Bourbon-, Martinique- und Mokka-Kaffee, die er in einer halben Tagesreise quer durch Paris zusammensuchte. Dem Kaffee hat er den schönsten Hymnus eines Dichters gesungen: „Der Kaffee gleitet hinab in den Magen, und dann gerät alles in Bewegung: Die Ideen rücken an wie die Bataillone der großen Armee auf dem Schlachtfeld; der Kampf beginnt. Erinnerungen treffen im Sturmschritt ein als Fähnriche des Aufmarsches. Die leichte Kavallerie entwickelt sich zu einem prachtvollen Galopp. Die Artillerie der Logik braust heran mit ihrem Train und ihren Kartuschen. Die geistreichen Einfälle greifen als Tirailleurs ins Gefecht ein. Die Gestalten kostümieren sich, das Papier bedeckt sich mit Tinte, die Schlacht hebt an und endet unter Strömen schwarzer Flut, so wie die wirkliche Feldschlacht in schwarzem Pulverrauch ertrinkt."
Auch von dem großen Philosophen Emmanuel Kant ist überliefert, daß ihm, wenigstens im Alter, der Kaffee nach dem Essen unentbehrlich war, ja, daß er sogar aufbegehrte, wenn er unverhofft eine Tasse bei seinem

Diener bestellte und die Zeit ihm zu lange dauerte, bis das Wasser kochte. Diese Kritik war sicher angebracht, diente sie doch zur guten Vollendung seines Werkes „Kritik der praktischen Vernunft".
Von Voltaire erzählt man, daß er pro Tag bis zu 50 Tassen Kaffee, nach anderer Version sogar die unwahrscheinliche Menge von 72 Tassen brauchte. Es ist deshalb wohl verständlich, daß ihn seine Freunde mahnten, daß Kaffee doch ein, wenn auch langsam wirkendes, Gift sei. Darauf habe er geantwortet: „Ein schleichendes Gift, ohne Zweifel, da ich ihn schon 50 Jahre trinke, ohne daß es seine Wirkung zeitigte."
Auch Beethoven scheint ein Freund von starkem Kaffee gewesen zu sein, nahm er sich doch die Mühe, genau 60 Bohnen für jede Tasse abzuzählen.
Wenn wir schon bei der Musik angelangt sind, so wollen wir einen der größten Komponisten der Vergangenheit hier mitsprechen lassen. Johann Sebastian Bach ersuchte den Verse schmied Picander aus Leipzig, der 1727 ein Gedicht als „Pariser Fabel" über die Errichtung des Kaffeemonopols unter Ludwig XV. geschrieben hatte, um einen Kantatentext über die Kaffeesucht der Frauen. Dieses liebliche Werk des großen Künstlers ist, mehr als Kuriosum, mit seinen unvergänglichen Werken der Nachwelt überliefert worden. In dieser 1732 geschriebenen musikalischen Huldigung an den Kaffee läßt Bach das kaffeeversessene Lieschen singen:
„Ei! wie schmeckt der Coffee süße
lieblicher als tausend Küsse
milder als Muskatenwein."
Vater Schlendrian, der seine Tochter von dem süßen Laster abbringen will, droht vergebens:
„Wenn du mir nicht den Coffee läßt,
so sollst du auf kein Hochzeitsfest."
Aber Lieschen eingedenk dessen, daß: „Die Mutter liebt den Coffeebrauch, die Grosmama trank solchen auch", stellt nun seinerseits die Bedingung: „Kein Freier kommt mir in das Haus, er hab es mir denn selbst versprochen,
daß mir erlaubet möge sein,
den Coffee, wie ich will zu kochen."
Ohne es zu wissen, hat damit Lieschen mit seinen vor Jahrhunderten lebenden türkischen Schwestern gleichgezogen, von denen Herr Thevenot in einem Bericht über seine Reisen in Asien und Afrika 1689 berichtet, daß es dazumal ein Scheidungsgrund war, wenn ein Mann seiner Frau keinen Kaffee gab.
Es gibt wohl kein Thema, ohne daß Johann Wolfgang von Goethe, der universale deutsche Dichter, mit irgendeinem treffenden Zitat herangezogen werden könnte. Für einen Lobgesang des Kaffees trifft dies nun merkwürdigerweise nicht zu. Wohl hat Goethe, wie wir schon gehört haben, insofern in die Geschichte des Kaffees eingegriffen, als er dem Chemiker Runge einige von diesen Bohnen geschenkt und damit Anlaß zur Entdeckung des Coffeins gegeben hat. Er ist auch einer der vielen Honorationen, die dem Café Greco in Rom zu seiner Berühmtheit verholfen haben. Noch heute wird den deutschen Touristen dort sein Stammsitz gezeigt, damit sie mit dem Kaffee auch sein unsterbliches Fluidum einnehmen können. Auch soll er, wie er an seinen Freund Kessler geschrieben hat, am frühen Morgen des Christtages 1772 diesen durch eine gute Tasse Kaffee geehrt haben.
In seinen weiteren Korrespondenzen aber hat Goethe in seinen späteren Jahren keine guten Worte mehr für Kaffee gefunden, sondern ihm, z. B. in einem Schreiben an Frau von Stein, die Fähigkeit, „die hypochondrisch quälende Kraft der traurigen Vorstellungen" zu verstärken, zugeschrieben.
Seinem Zeitgenossen Friedrich Schiller bot jedoch das Leipziger Kaffeehaus Richter angenehme Er-

holung und Gelegenheit zur Erweiterung seiner Bekanntschaften. Und damit wollen wir unsere allgemeine Betrachtung zum Thema Kaffee beschließen. Sie hat sicherlich dazu beigetragen, das Wissen um das beliebteste Getränk der Menschen zu erweitern, und Sie, geneigte Leserin, werter Leser, mögen nun unseren herrlichen Kaffee mit noch mehr Freude und Verständnis genießen. Zahlreiche Anregungen finden Sie im anschließenden Rezeptteil, der Ihnen mit seinen herrlichen Bildern, die eigens für dieses Buch arrangiert wurden, sicher noch ein weiteres Kaffeevergnügen bereitet.

# Literaturverzeichnis

Die historischen Schriften konnten freundlicherweise bei der Firma Braunschweig & Co., Basel, eingesehen werden.

Amman, Johann Jacob: Reise nach dem gelobten Land, 1618
Andronico: Freimütige Gedanken von den drei Verführern des Volks, 1756
Bach, Hans: Verfahren zur Aromaverbesserung und Stabilisierung von ungemahlenem Röstkaffee. Deutsche Auslegeschrift Nr. 1 009006, 1956
Bach, Johann Sebastian: Kantate Nr. 211, Kaffeekantate, 1732
Bach, Jona, Narok AG: Kleine Kaffee-Safari, 1964
Bacon, Fr.: Sylvia Sylvarum, 1648
Behrs, Georg Heinrich: Vollständige Beschreibung aller und jeder Arzneymittel samt beygefügter wohleingerichteter und höchst nutzbarer Therapie, 1784
Benesch, Kurt, und Georg Brongers: Koffiebrevier, 1974
Bentz, Melitta: Aufnahme der Produktion von Melitta Filtern, 1909
Bontekoe, Cornelius: Kurze Abhandlung von dem menschlichen Leben und Gesundheit, Krankheit und Tod, 1684
Comitato Italiano caffe: Tre secoli di caffe, 1972
Coolhaas, C, et al.: Tropische und subtropische Weltwirtschaftspflanzen. Kaffee, 1960
Coste, R.: Les cafeieres et les cafes dans le monde, 1955 und 1959
Dapper, O.: Beschreibung von Asia, 1672
Das curieuse Caffee-Haus zu Venedig, 1698
Czok, G., F. E. Stieve, M. Seibold, K. Luff und V. Harth: Kaffee als Medizin, in: Die Heilkunst, 78. Jahrgang 1965, Heft 2
Decret der Canzley Basel, 1769 und 1791
Decret der Stadt Franckfurt, 1778
Decret der Canzley Lucern, 1773
Decret der J. R. Maria Theresia, 1772
Detlefsen, Christian: Verfahren zur Verminderung des Kaffeeingehaltes von rohen unzerkleinerten Kaffeebohnen. Deutsches Patent Nr. 221116, 1904
Duncan, M.: Von dem Missbrauch heisser und hitziger Speisen und Getränke, 1707
Dufour, Ph. S.: Traitez nouveaux et curieux du Café, du The et du Chocolate, 1693
Eichler, Oskar, und O. G. Vitzthum: Kaffee und Coffein, 1976
Jacob, Heinrich Ed.: Sage und Siegeszug des Kaffees, 1934
Jobin, Ph.: Les cafes produits dans le monde, 1976
Krünitz, Johann Georg: Oeconomische Encyklopädie oder allgemeines System der Staats-, Stadt-, Haus- und Landwirthschaft, 1789
La Roque, Jean de: Reisebeschreibung nach dem glücklichen Arabien, 1650
Lemery, M. L.: A Treatise of All Sorts of Foods, 1745
Lendrich, Paula: Verfahren zum Verbessern von Kaffee. Deutsches Patent Nr. 576515, 1927
Morgenthaler, Max R.: Process for the Manufacture of Soluble Dry Extracts. USA Patent Nr. 2,324,526, 1943
Müller-Limroth, W.: Alkohol, Übermüdung und Kaffee, in: Med. Trib. Bd. 15,1970
Nicolai, Herrn. F.: Verfahren zur Herstellung von coffeinfreiem Kaffee aus Kaffeebohnen. Deutsches Patent Nr. 124875, 1900
Niebuhr, Carsten: Beschryving van Arabie, 1724
Olearius Ascanius, Adam: Vermehrte Newe Beschreibung der Muskowitischen und Persischen Reise, 1647
Rauwolf, Leonhart: Reisebeschreibung in den Orient, 1593
Roselius, Ludwig: Verfahren zur Gewinnung koffeinfreier Kaffeebohnen. Deutsches Patent Nr. 198279, 1905

Rothfos, Bernhard: Kaffee Handbuch, 1960
Rothfos, Bernhard: Coffea Curiosa, 1968
Rothfos, Bernhard: Weltatlas der Kaffeeländer, 1972
Rotthauwe, Helmut, Probat: Die himmlische Hölle, 1968
Schall, Sybille: Die Kunst, Kaffee zu trinken, 1953
Schatzkammer rarer und neuer Curiositäten, 1686
Schulte, R. W.: Der Einfluß des Kaffees auf Körper und Geist, 1930
Schwarzkopf, S. A.: Der Kaffee, 1881
Schweiz. Lebensmittelbuch: Kaffee und Kaffee-Ersatz, 1973
Söhn, Gerhard: Von Mokka bis Espresso, 1957
Söhn, Gerhard: Kleine Kaffee-Kunde, 1957
Spriestersbach, H.: Rohkaffee von A bis Z, 1955
Spriestersbach, H.: Kaffee, Kakao, Tee, 1959
Streuli, H.: Handbuch der Lebensmittelchemie, Kaffee, 1970
Thevenot, J. de: Voyage en Europe qu'en Asie & en Afrique, 1689
Ukers, William H.: All about Coffee, 1935
Ukers, William H.: The Romance of Coffee, 1948
Ulrich, R.: Der Kaffee und das Coffein, 1953
Valle, Petrus Della: Reisebeschreibung in verschiedene Teile der Welt, 1674
Wachsmuth, J. M.: Schilderung des Unglücks so die Coffee-Bohne in Teutschland angerichtet und die Mittel dagegen, 1781
Willis, Th.: Journal des Scavans, 1675
Wimmer, Karl H.: Verfahren zur Herstellung von coffeinfreiem Kaffee. Deutsches Patent Nr. 234539, 1908
The Woman's Petition against Coffee, 1674
The Mens Answer to the Womans Petition against Coffee, 1674
Wurziger J., und U. Harms: Carbonsäure -5-(hydroxy)-tryptamide in Kaffeebohnen, in: ZLU 138, 1968, Heft 2
Wurziger, J., und U. Harms: Beiträge zum Genußwert und zur Bekömmlichkeit von Röstkaffee, in: Kaffee & Tee Markt, Heft 10, 1969

# Fünfzig Kaffeerezepte aus aller Welt

Natürlich ist Kaffee in erster Linie ein Getränk. Die vielen Variationen der Zubereitung in den verschiedenen Ländern der Erde sind kaum zu zählen. Einige der berühmtesten Arten, Kaffee zu bereiten, haben wir aufgezeichnet. Der einmalige, unvergleichliche, verführerische Duft des Kaffees wäre aber auch als eine Art Gewürz für allerlei klassische Gerichte denkbar. Außer in einigen alten Rezepten wie dem Gulasch Mexicana, der Pasta asciutta al Café oder dem Steak Barbecue haben wir Kaffee als Gewürz in den internationalen Küchen nicht finden können. Anders allerdings bei Süßspeisen oder Backwaren: Hier wird Kaffee als Geschmacksnote durchaus geschätzt. Kaffee und Kuchen gehören eben zusammen.
Um jeder Wertung aus dem Wege zu gehen, haben wir die Rezepte in alphabetischer Reihenfolge geordnet. Die Bildarrangements wurden exklusiv für dieses Buch angefertigt. Sie sollen nicht nur das fertige Gericht zeigen, sondern auch Anregungen für eine ansprechende Gestaltung Ihres Kaffeetisches zeigen. Und nun viel Freude und guten Appetit!

# Aztekeneis

60 g Zucker, 3 Eigelb
1 Päckchen Vanillezucker
1/4 l Sahne
1/2 Tasse starker kalter Kaffee
1 Likörglas Mokkalikör
1 Päckchen (8 g) Agar Agar
1/2 l Wasser
100 g Kaktusfeigenmark, roh
3 Eier, 50 g Zucker
Saft einer halben Zitrone
50 g Mehl
2 Löffelbiskuits, zerstoßen
1 Prise Zimt

Diese Eiskomposition besteht aus drei Schichten. Untere Schicht: Zucker im Kaffee auflösen. Eigelb und Vanillezukker schaumig, die Kaffee-Zucker-Lösung lauwarm unterrühren, zum Schluß den Likör zugeben. Nach dem Erkalten die steifgeschlagene Sahne unterheben und in eine flache Ziegelform füllen.
6 Stunden tiefkühlen.
Mittlere Schicht: Agar-Agar-Pulver mit etwas Wasser anrühren, dann nach und nach das restliche Wasser zugeben. Nach dem Gelieren mit dem Kaktusfeigenmark vermischen.
Obere Schicht: Eigelb, Zucker, Zitronensaft schaumig rühren, Mehl unterrühren, steifen Eiweißschnee unterheben. Eine Puddingform ausbuttern, mit Biskuitbröseln ausstreuen, die Masse einfüllen und im Wasserbad 3/4 Stunden erhitzen. Den Pudding auf einer Silberfolie dick ausstreichen, erkalten lassen und mit feuchtem Messer in Portionsgröße teilen.
Das Mokka-Halbgefrorene aus der Form lösen (warmes Tuch), Agar-Agar-Kaktusfeigenmark dick auftragen und Puddingschnitte obenauflegen. Mit Ei einstreichen und im Grill kurz überbacken.
Dieses Rezept geht auf eine Anregung von Werner Fischer in seinem Buch „Köstlichkeiten internationaler Kochkunst" zurück.

# Bananen auf brasilianische Art

8 Bananen
60 g Zucker
1 Eßlöffel Mehl
1 Tasse Milch
2 Eier
2 Kaffeelöffel Pulverkaffee
20 g Butter
1 Likörglas Rum

Die Bananen schälen. 6 davon der Länge nach teilen und in eine mit Butter gefettete feuerfeste Form schichten Mit einer Gabel die übrigen 2 Bananen zerdrücken und das Mus über die Bananenhälften verteilen. In einem Topf Mehl, Pulverkaffee und Zucker vermischen und mit der Milch anrühren, dann erhitzen und unter ständigem Rühren 2 Minuten kochen lassen. Den Topf vom Feuer nehmen. Die Eigelb in die übrige Masse einrühren, den Rum zufügen.
Die Bananen mit der Masse bedecken. Zum Schluß das steifgeschlagene Eiweiß darübergeben. Im Backofen bei mittlerer Hitze 20 Minuten überbacken. Mit Löffelbiskuits servieren.
Brasilien ist alles andere als eine „Bananenrepublik“, obwohl das Klima auch das Wachstum der Bananen in diesem riesigen Land fördert. Das wichtigste Agrarerzeugnis Brasiliens, sein wichtigstes Exportgut überhaupt ist aber unser geliebter Kaffee. Brasilien ist mit Abstand der größte Kaffeeproduzent der Erde. Wenn Sie also einmal Bananen auf brasilianische Art servieren, so wissen Sie, daß das Brasilianische an diesem Gericht der Kaffee ist.

Kaffeemühle 18. Jahrhundert, Collection Mme. G. Schulé, Straßburg

JAMAICA RUM
LEMON
HART
RUM

# Barbadospudding

3 Tassen Milch
2 Teelöffel Pulverkaffee
2 Tassen Semmelbrösel
2 Eier
75 g Rohrzucker
1/2 Teelöffel Salz
1 Eßlöffel Rum
40 g zerlassene Butter
1 Prise Muskatnuß

Milch und Pulverkaffee vermischen, zum Kochen bringen, unter Umrühren die Semmelbrösel zugeben. Die Eier mit dem Zucker und dem Salz verquirlen. Die Milch-Brösel-Masse in die Eier einrühren, Rum und zerlassene Butter zugeben. Die Masse in kleine Keramikgefäße füllen und mit etwas geriebener Muskatnuß überstäuben. Im Backofen bei 180°C ca. 1 Stunde backen. Auskühlen lassen, dann im Kühlschrank kaltstellen. Mit Schokoladensauce servieren.
Die Insel Barbados in der Gruppe der Kleinen Antillen erzeugt keinen Kaffee. Den Namen für dieses Rezept prägten vielmehr die Zutaten Zucker und Rum, denn von der gesamten Oberfläche der Insel Barbados ist mehr als die Hälfte mit Zuckerrohrplantagen bedeckt.

# Berliner Mandelnäpfchen

6 Eßlöffel Milch
1 Päckchen Vanillezucker
100 g Zucker
2 Eier
2 Eigelb
5 Kaffeelöffel Pulverkaffee
1/4 l Sahne
50 g grob gemahlene Mandeln
20 g Zucker

Milch erhitzen, Vanillezucker, Zucker und Pulverkaffee zugeben und unter Umrühren kurz aufkochen lassen.
15 Minuten abkühlen lassen. Eier und Eigelb verquirlen, die Milch nach und nach zugeben, unter ständigem Rühren mit dem Handmixer zu einer glatten Masse verarbeiten. In ausgebutterte Näpfchen bis zur Hälfte einfüllen. Bis zur halben Höhe der Näpfchen in ein Wasserbad stellen und im Backofen bei 150°C ca. 20 Minuten erhitzen. Das Wasser sollte allerdings nicht zum Kochen kommen, Hitze gegebenenfalls zurücknehmen. Inzwischen die grob gemahlenen Mandeln anrösten, mit dem Zucker vermischen und unter die geschlagene Sahne heben. Die Näpfchen mit einer Schlagsahnehaube füllen und verzieren.
Dem Kaffee nicht sehr wohl gesonnen war Friedrich der Große, König von Preußen. Nicht etwa, weil er ihn nicht mochte, sondern weil Kaffee importiert und mit klirrendem Silber bezahlt werden mußte, was im damaligen Königreich absolute Mangelware war. In Berlin schlichen Kaffeeschnüffler durch die Straßen, um Kaffeeröster ohne Lizenz aufgrund des verräterischen Duftes aufzuspüren. Schreckliche Zeiten damals – vielleicht denken Sie einmal daran, wenn Sie Ihre Berliner Mandelnäpfchen bei einer köstlichen, heißen Tasse Kaffee unbeschwert genießen.

Kaffeemühle 18. Jahrhundert,
Collection Mme. G. Schulé, Straßburg

# Boston Baked Beans

500 g weiße Bohnen
2 Zwiebeln
250 g geräucherter Schweinebauch
75 g brauner Zucker
2 Eßlöffel Ahornsirup (ersatzweise Zuckerrübensirup)
1 Teelöffel Pulverkaffee
1 Tasse heißes Wasser
1 Teelöffel Senf
1/2 Teelöffel schwarzer Pfeffer
Salz

Bohnen über Nacht einweichen, am nächsten Tag salzen und 30 Minuten kochen. Wasser abgießen. In eine Kasserolle die halbierten Zwiebeln und die Bohnen geben. Senf, Sirup, 50 g des Zuckers, Pfeffer, Salz, Pulverkaffee mit dem heißen Wasser verrühren und über die Bohnen schütten. Das Fleisch mit einem scharfen Messer einkerben, in den Topf geben und Bohnen darüberhäufen. Zugedeckt im Backofen bei 180°C ca. 2 Stunden schmoren.
30 Minuten vor Ende der Garzeit Deckel abnehmen und restlichen Zucker überstreuen, dann offen zu Ende backen, damit sich eine braune Kruste bildet. Das Gericht in Keramikschalen füllen und mit Pumpernickel und Bier servieren.
Boston Beaked Beans sind eine amerikanische und kanadische Nationalspeise und waren besonders bei den Puritanern am geheiligten Sabbat beliebt, weil das Gericht ohne große Arbeit zuzubereiten ist. Der Eintopf schmeckt sehr pikant und erhält durch den Zusatz des Kaffees eine besondere Note.

Kaffeemühle 19. Jahrhundert,
Collection Mme. G. Schulé, Straßburg

# Café brûlot

(2 Tassen)
2 cl Cognac
2 Nelken
1 kleine Stange Zimt
etwas abgeriebene Orangenschale
etwas abgeriebene Zitronenschale
2 Eßlöffel Zucker
1/4 l starker Kaffee
Schlagsahne zum Verzieren

Cognac, Nelken, Zimt, Orangen- und Zitronenschale, Zucker in einem Kupferpfännchen auf dem Rechaud erhitzen. Inhalt anzünden und leicht umrühren. Daneben 2 Tassen zu zwei Dritteln mit heißem Kaffee füllen. Den brennenden Cognac mit einem Löffel (ohne die Gewürze) in den Kaffee geben. Mit aufgespritzter Schlagsahne verzieren.
Mit brûlot bezeichnet der Franzose einen Glühbranntwein, also einen erwärmten Cognac, meist mit Gewürzen wie Zimt oder Nelken versetzt. Kommt Kaffee dazu, so erhalten wir den Café brûlot, ein Getränk, das immer dann wahre Wunder wirkt, wenn man sich von Innen her aufwärmen muß. So zum Beispiel nach einer erfolgreichen Jagd an einem klirrend kalten Wintertag.

Lainé
COGNAC
FINE CHAMPAGNE
WAIDMANNSHEIL
Rauchloses
Rostfrei

# Café Royal

(4 Portionen)
2 Tassen starker Kaffee
2 Tassen Cognac
1 Eßlöffel Zucker
Schlagsahne zum Verzieren

In einer Stielpfanne oder einem feuerfesten Gefäß Kaffee und Zucker erhitzen. Cognac dazugießen und vorsichtig anzünden. Nach dem Erlöschen der Flamme in Kaffeetassen gießen und mit Schlagsahne verzieren.
Woher der Café Royal seinen Namen hat, mag dahingestellt sein – vielleicht vom berühmten Londoner Café Royal oder vom Café de Foy im Pariser Palais Royal oder ganz einfach, weil man das Rezept als „königlich" empfand.
Das Originalrezept schreibt vor, daß ein kleiner Zuckerhut in eine Tasse gestellt und bis zur Hälfte mit Kaffee umgössen wird. Die Spitze des Zuckerhuts wird mit Cognac getränkt und angezündet. Wer die kleinen Zuckerhütchen noch auftreiben kann, dem sei die attraktive Originalfassung empfohlen.

# Café Westindia

(4 Portionen)
Geriebene Schale einer Orange
1 Prise Muskatnuß
1 Prise Zimt
4 Stangen Zimt
1/4 l weißer Rum
1/2 l starker heißer Kaffee
4 Stück Würfelzucker
Schlagsahne zum Verzieren

In den Rum die geriebene Orangenschale, die Prise Muskatnuß und die Prise Zimt geben. Ziehen lassen.
Den Kaffee auf 4 Gläser verteilen. Einen Kaffeelöffel darüberlegen. Je 1 Stück Würfelzucker in den Löffel legen und großzügig mit der Rummischung übergießen. Dann anzünden und nach Schmelzen des Zuckers den Löffel in das Glas gleiten lassen. Je nach Laune mit Schlagsahne verzieren, eine Orangenscheibe auf den Rand des Glases klemmen und die Zimtstange durch die Sahnehaube stecken.
Als Kolumbus im Jahre 1492 zum erstenmal amerikanischen Boden betrat, war er der irrigen Meinung, auf dem westlichen Seeweg Indien erreicht zu haben. Die etwas verwirrende Bezeichnung Westindien für die Bahama- und Antillen-Inseln aber hat sich durch Kolumbus' Irrtum bis heute erhalten. Der Kaffeeanbau spielt in dieser Region eine untergeordnete Rolle; der Beiname für dieses Rezept bezieht sich zweifellos auf das landwirtschaftliche Hauptprodukt Westindiens, das Zuckerrohr, aus dem bekanntlich Rum hergestellt wird.

# Café Zabaione

(4 Gläser)
4 Eigelb
1/2 Tasse starker Kaffee
1 Likörglas Mokkalikör
2 Eßlöffel Zucker
geriebene Schale einer Zitrone
Messerspitze Muskatnuß
Kakaopulver zum Bestreuen
Schlagsahne zum Verzieren

Eigelb mit Zucker schaumig rühren. Über dem heißen Wasserbad unter Umrühren den Kaffee, den Likör, Muskatnuß und Zitronenschale zugeben. Die Masse schlagen, bis sie cremeartig ist. In vorgewärmte Gläser füllen, mit Schlagsahne und überstreutem Kakao verzieren. Mit Löffelbiskuits servieren.
Im Süden Italiens ist es eine alte Tradition, Neuvermählten bei ihren Besuchen an den Tagen nach der Hochzeit einen Zabaione anzubieten. Er soll eine Anspielung und ein Stärkungsmittel auf und für die anstrengenden Tage sein. Zabaione gibt es, wie viele andere Rezepte auch, in zahlreichen Variationen. Für ganz feurige Liebespaare muß der Café Zabaione, also mit dem Zusatz des anregenden Kaffees, eine geradezu ideale Regeneration bewirken.

Kaffeemühle 19. Jahrhundert,
Collection Mme. G. Schulé, Straßburg

# Cappuccino

(2 Täßchen)
1 Tasse starker heißer Kaffee
1 Tasse heiße Milch
Kakaopulver zum Überstreuen
Schlagsahne zum Verzieren

Heiße Milch schaumig schlagen. Kaffee und Milch je zur Hälfte in kleine Tassen füllen. Mit Schlagsahne verzieren und Kakaopulver darüber streuen. Cappuccino, der Kapuzinermönch, gibt diesem Kaffee seinen Namen. Auf die Mischung von heißer Milch und starkem Kaffee gehört daher bei dieser italienischen Spezialität stets ein Häubchen, eine Kapuze aus Schlagsahne.
Übrigens – in Italien, in Rom, soll um 1600 der heidnische Trank Kaffee getauft und somit auch für Christen ein sündenfreies Getränk geworden sein. „Dieser Satanstrank ist so köstlich, daß es eine Schande wäre, ihn allein den Ungläubigen zu überlassen. Wir wollen ihn daher taufen und zu einem wahren Christengetränk machen", soll Papst Clemens VIII. damals gesagt haben. Es sei ihm ein aufrichtiger Dank gewidmet!

# Charlotte russe

2 Kaffeelöffel Pulverkaffee
5 Eigelb
80 g Zucker
1 Päckchen Vanillezucker
1/2 l Milch
6 Blatt Gelatine
1/2 l Schlagsahne
2 Eßlöffel Arrak oder Rum
2 Eßlöffel Weißwein
ca. 20 Löffelbiskuits
kandierte Kirschen

Die Eigelb mit dem Zucker und Vanillezucker schaumig rühren. Die Milch, Kaffeepulver und die in etwas heißem Wasser gelöste Gelatine zugeben. Unter Umrühren kurz aufkochen lassen. Kaltstellen. Bevor die Creme kalt wird, 1 Eßlöffel Arrak dazugeben und die Hälfte der geschlagenen Sahne unterziehen.
Inzwischen den Rest des Arraks mit dem Wein vermischen und die für die Springform passend gekürzten Biskuits damit tränken. Den Rand einer Springform auf eine Tortenplatte stellen, die getränkten Biskuits mit der Zuckerseite nach außen dem Springrand entlang aufstellen. Die Creme einfüllen, dabei die abgetrennten Enden der Biskuits mit einlegen. Kaltstellen. Mit der restlichen Schlagsahne und den kandierten Kirschen verzieren. Springform ablösen und servieren.
Die Charlotte russe wurde von dem großen französischen Kochkünstler Marie Antoine Careme (1784-1833) für den Zaren Alexander I. in Petersburg kreiert. Die russische Creme wird heute in vielen Variationen serviert. In Rußland selbst bevorzugt man eine Füllung mit Himbeergelee, wir wählten – dem Thema dieses Buches folgend – eine Kaffeecremefüllung.



Service Fleurs de Lys von Spoode, England, Collection Beiles Choses, Straßburg

# Coffee Cobbler Boorbon

(1 Glas)
2 Eßlöffel fein zerstoßenes Eis
1 Likör glas Bourbon Whisky
1 Likörglas Mokkalikör
starker kalter Kaffee zum Auffüllen

Eis in ein hohes, schlankes Glas füllen, Whisky und Likör darübergießen und mit Kaffee auffüllen. Je nach Geschmack den Kaffee etwas süßen. Mit Strohhalm servieren.
Mischgetränke und Cocktails gibt es in Hunderten von Variationen. Der Phantasie sind hier kaum Grenzen gesetzt.
Das Wort Cobbler kommt aus dem Englischen und bedeutet soviel wie Flickschuster, wird aber boshafterweise auch für Pfuscher oder Stümper verwendet. Nicht gerade sehr schmeichelhaft für einen Rezeptnamen, aber die Wortbeziehung ist in diesem Fall eher bildlich und lustig als sinngemäß oder gar ernst zu werten. Als Cobbler bezeichnet man ein Mixgetränk mit zerstoßenem Eis, alkoholischer Flüssigkeit und Früchten. In unserem Fall schafft der Kaffee eine zusätzliche Komponente, was dieses Getränk zu einem ausgesprochenen Muntermacher an heißen Tagen oder bei anstrengenden Parties macht.

# Creme Ambassadeur

1/4 l Sahne
2 Eßlöffel Milch
60 g Zucker
100 g Orangeat
1 Tasse starker Kaffee, lauwarm
2 Blatt Gelatine
1 Likörglas Rum

Sahne, Milch und Zucker vermengen, dann mit dem Handmixer rühren, bis eine schaumige Creme entsteht. Die Gelatine im lauwarmen Kaffee auflösen. Das Orangeat sehr fein schneiden und zusammen mit dem Kaffee, der aufgelösten Gelatine und dem Rum in die Creme unterziehen. In kleine Dessertschälchen füllen und mindestens 1 Stunde im Kühlschrank kaltstellen. Mit Schlagsahne servieren, etwas Grand Marnier übergießen und mit Kleingebäck zum heißen Kaffee servieren.
Diplomaten genießen ein ganz besonderes Image. Ihre Umgangsformen sind makellos, sie sind Gourmets, das Feinste ist gerade gut genug. Ein extrem ausgeprägter Hauch von Vornehmheit umgibt natürlich englische Diplomaten. Ihnen wird auch die Erfindung der Tischreden zugeschrieben, jener Kunst, Artigkeiten zu sagen, die ohne jede Verbindlichkeit sind. Böse Zungen behaupten, die Engländer würden Tischreden nur dazu benützen, um von der Qualität ihrer Küche abzulenken. Unser Rezept, englischen Ursprungs, wird Sie eines Besseren belehren.

# Diplomatenkaffee

(pro Tasse)
1 Likörglas Eierlikör
1/2 Tasse starker heißer Kaffee
Schlagsahne zum Verzieren
Kaffeepulver zum Bestreuen

Den Eierlikör in eine vorgewärmte Tasse geben, mit Kaffee auffüllen, mit Schlagsahne verzieren und Kaffeepulver darüberstreuen.
Essen und Trinken, kulinarische Genüsse, Tafelfreuden – das war der literarische Inhalt der Werke zweier bedeutender Schriftsteller des 18. und 19. Jahrhunderts. Der Franzose Jean Anthelme Brillat-Savarin (1755-1826), berühmt geworden mit seiner „Physiologie des Geschmacks", und der deutsche Baron Eugen von Vaerst (1792–1855), dessen bekanntestes Werk die „Gastrosophie" ist.
Beide waren Edelleute, Lebenskünstler, Diplomaten. Und beide hatten natürlich auch etwas zum Kaffee zu sagen. Brillat-Savarin: „Die Türken, unsere Lehrmeister, mahlen den Kaffee niemals in einer Mühle, sie zerstoßen ihn im Mörser mit einer hölzernen Keule. Der Kaffee aus gemörsertem Pulver ist demjenigen aus gemahlenem Pulver weit vorzuziehen."
Baron von Vaerst: „Das Wasser muß von einem eisenhaltigen Gesundbrunnen genommen sein. Wer einmal nach dieser Vorschrift sich den Kaffee bereitet hat, dem kann ich prophezeien, daß er sich gewiß diesen Genuß öfter machen wird."
Wahrhaft diplomatische Ansichten zum Kaffee und vielleicht zwei Anregungen, die durchaus einen brauchbaren Kern haben.

# Eisbecher Grand Narnier

(4 Portionen)
1 l Vanilleeis
1/4 l Schlagsahne
4 Eßlöffel geriebene Haselnüsse
1/2 Teelöffel Zimt
4 Tassen starker kalter Kaffee
1 Eßlöffel gehackte Pistazien
4 Likörgläser Orangenlikör (Grand Marnier)

Eis, Haselnüsse, Zimt und die Hälfte der geschlagenen Sahne in einem Gefäß vermischen. In 4 Gläser verteilen, mit Kaffee auffüllen. Die restliche Schlagsahne aufspritzen, je 1 Likörglas Orangenlikör darübergießen und mit Pistazien verzieren.
Dieses Rezept stellt eine verfeinerte und erweiterte Art des allgemein bekannten Eiskaffees dar, der sich an heißen Sommertagen besonderer Beliebtheit erfreut. Mit etwas Phantasie läßt sich der Eiskaffee in viele Varianten verändern, zum Beispiel Eierlikör oder Rum statt Orangenlikör, Bananeneis statt Vanilleeis usw. Schiefgehen kann bei diesen Experimenten so gut wie nichts.

# Eiskaffee Escoffier

1/2 l starker heißer Kaffee
350 g Zucker
1/2 l Sahne
1 Päckchen Vanillezucker
1/4 l Milch

Den Zucker im Kaffee auflösen, anschließend abkühlen lassen. Dann Vanillezucker, Milch und Sahne unterrühren. Mit dem Handmixer sehr gut durchrühren, damit die Masse luftig wird. In eine Puddingform füllen und ins Gefrierfach stellen (ca. 5 Stunden). Nach jeweils 1 Stunde nochmals kurz durchrühren. Das Eis darf nicht vollständig gefrieren, es muß noch weich und cremig sein, bevor es mit Mandarinenstückchen garniert und einem Schuß Grand Marnier serviert wird. Das Rezept wird dem großen französischen Koch Auguste Escoffier (1846–1935) zugeschrieben, dessen 1903 erschienener „Kochkunst-Führer" in vielen Auflagen verbreitet wurde und noch heute zu den Standardwerken unter den Profikochbüchern zählt.

Führer
modernen Küche
ESCOFFIER
Triple Orange
40 %

# Erdbeerkranz

150 g Bitterschokolade
3/4 l Milch
6 Eier
150 g Zucker
2 Kaffeelöffel Pulverkaffee
9 Blatt Gelatine
1 Likörglas Rum
375 g Erdbeeren
Schlagsahne zum Verzieren

Schokolade raspeln und in Milch auf kleiner Hitze verrühren. Eigelb schaumig rühren, Zucker und Kaffee untermischen. Die Schokoladenmilch unter ständigem Umrühren nach und nach zufügen und im Wasserbad zu einer dicklichen Masse schlagen. Gelatine in etwas Wasser lösen, ausdrücken und mit dem Rum der cremigen Masse unterrühren. Kaltstellen. Dann den steifen Eischnee unterziehen. In eine Guglhupfform füllen und kaltstellen. Vor dem Anrichten die Form kurz in heißes Wasser halten und auf eine Tortenplatte stürzen. In die Mitte Erdbeeren füllen und mit Schlagsahne verzieren. Mit Löffelbiskuits und einer Tasse guten, heißen Kaffees servieren.

Service Royal Copenhague,
Collection Beiles Choses, Straßburg

# Ginger Coffee

(pro Tasse)
1 Kaffeelöffel gemahlener Kaffee
1/4 Teelöffel Ingwerpulver
1 Teelöffel Honig
Schlagsahne

Kaffee- und Ingwerpulver mischen und im Filter überbrühen. Honig in eine Tasse geben, mit dem heißen Kaffee auffüllen und mit einer Schlagsahnehaube verzieren.
Obwohl unser Kaffee einen einzigartigen, mit nichts vergleichbaren Geschmack besitzt, ist er ein friedvoller und verträglicher Geselle. So ist er durchaus in der Lage, mit dem scharfen Ingwer (engl, ginger) eine harmonische Ehe zu führen. Wenn Sie dieses Rezept ausprobieren, sind Sie wahrscheinlich der dritte Liebhaber in diesem Bunde.

Service Haviland, Limoges,
Collection Beiles Choses, Straßburg
Kaffeemühle 19. Jahrhundert,
Collection Mme. G. Schulé, Straßburg

# Gulasch Mexicana

(für 6 Personen)
3 Pfund Rindfleisch aus der Keule, gut abgehangen, in 2 cm große Würfel geschnitten
100 g Butter
1 Knoblauchzehe, fein gehackt
3 Zwiebeln, in Ringe geschnitten
40 g Mehl
2 Tassen Burgunder-Wein
1 Tasse Wasser
2 Teelöffel Salz
1/2 Teelöffel Pfeffer
1/4 Teelöffel Majoran
1/2 Tasse starker Kaffee

Butter in einer tiefen Pfanne erhitzen, die Fleischwürfel zugeben, von allen Seiten anbraten, Knoblauch und Zwiebeln beigeben und andünsten, jedoch nicht braun werden lassen. Fleisch und Zwiebeln aus der Pfanne nehmen und auf vorgewärmten Teller geben. Das Mehl in den verbleibenden Fond einrühren, mit Wasser ablöschen, Gewürze und Kaffee zufügen. Umrühren, bis das Ganze leicht dick wird. Fleisch und Zwiebeln wieder zugeben und Pfanne zudecken, ca. 1 Stunde leicht köcheln. Mit breiten Nudeln und herbem Rotwein servieren.
Dieses ausgefallene Rezept ist durchaus empfehlenswert. Mit dem Begriff mexikanisch verbindet sich im allgemeinen kulinarisch eine raffiniert und scharf würzende Küche. Da Mexiko ein bedeutender Kaffeeproduzent ist, war die Taufe des Gulasch Mexicana naheliegend.

Kaffeemühle 19. Jahrhundert, Collection Mme. G. Schulé, Straßburg

# Indianerpudding

100 g Maismehl
1/2 Teelöffel Salz
1/2 Teelöffel Ingwerpulver
1/4 Teelöffel Zimt
4 Tassen Milch
1/2 Tasse Ahornsirup (ersatzweise Zuckerrübensirup)
20 g Butter
1 Teelöffel Pulverkaffee

Maismehl, Salz und Gewürze vermischen. 2 Tassen Milch aufkochen lassen und langsam unter stetigem Umrühren der Mischung zufügen. Dann den Sirup sorgfältig untermischen. Die restliche, kalte Milch und den Pulverkaffee zugeben, umrühren. Im Wasserbad ca. 15 Minuten unter gelegentlichem Umrühren erhitzen, bis die Masse anfängt, dicklich zu werden. Dann in eine gefettete Backform umfüllen. Butter in Flocken darüberstreuen. Bei 150°C ca. 2 Stunden im Backofen backen. Warm servieren, dazu Vanilleeis oder noch besser Mokkaeis anrichten.
Mais wurde bereits um 5000 v.Chr. in Mexiko bei Tehuacän angebaut und war das wichtigste Nahrungsmittel der altamerikanischen Indianerstämme. Maismehl wird in den europäischen Küchen wenig verwendet, es gibt unserem Indianerpudding eine etwas fremdländische, aber originelle Geschmacksrichtung.

# Indischer Kaffeereis

225 g Reis
1/2 l Milch
60 g Zucker
2 Eigelb
1 Tasse starker Kaffee
1 Likörglas Rum

Den Reis waschen und 3 Minuten in einem großen Topf in Wasser kochen lassen. Daneben die Milch zum Kochen bringen. Dann den Reis abtropfen lassen und in die kochende Milch geben. Leicht kochen lassen über ca. 10 Minuten; die Milch darf dabei natürlich nicht überlaufen. Den Topf vom Feuer nehmen, den Zucker, den Kaffee, den Rum und anschließend die Eigelb unter ständigem Rühren zugeben. Den Topf wieder aufs Feuer setzen, 2 Minuten erhitzen, aber nicht mehr zum Kochen bringen. Mit Schlagsahne verziert kalt servieren.
Reis ist das wichtigste landwirtschaftliche Produkt Indiens. Das Land kennt viele Reisgerichte, meist in scharf gewürzter Zubereitung. Da auch Kaffee im Südwesten Indiens in beträchtlichen Mengen kultiviert wird, war es nicht schwer, ein Reisgericht, mit Kaffee zubereitet, zu finden. Der Rum, aus dem in Indien ebenfalls in großen Mengen angebauten Zuckerrohr gewonnen, steuert eine pikante Note bei.

Kaffeemühle 19. Jahrhundert,
Collection Mme. G. Schulé, Straßburg

# Irish Coffee Original

(2 Gläser)
2 Teelöffel brauner Zucker
1/8 l irischer Whisky
1 1/2 Tassen starker heißer Kaffee
Schlagsahne zum Verzieren

Die Gläser mit heißem Wasser anwärmen, trockenreiben. Je 1 Teelöffel Zukker einfüllen, den Whisky darüberschütten, dann mit Kaffee auffüllen. Umrühren, bis sich der Zucker aufgelöst hat. Zum Schluß halbgeschlagenen Rahm vorsichtig aufsetzen, damit er sich nicht mit dem Kaffee vermischt. Irish Coffee soll durch den Rahm hindurch getrunken werden.
Nicht echt irisch, aber sehr effektvoll ist folgende Variante: Ein feuerfestes Glas wird wie oben mit Zucker und Whisky gefüllt und leicht schräg gehalten über einer Flamme unter ständigem Drehen angewärmt (es gibt hierzu spezielle Garnituren zu kaufen). Nach einiger Zeit die Flamme überschlagen lassen, so daß sich der Whisky entzündet. Mit dem Kaffee ablöschen und weiter wie beim Originalrezept verfahren.
Wichtig und unabdingbar für den berühmten Irish Coffee ist die Verwendung echten irischen Whiskys, der dem Getränk seinen unverwechselbaren Geschmack gibt.

Irish Coffee
Irish Coffee

# Irish Coffee Special

(2 Gläser)
Schale einer Orange, in Streifen geschnitten
Schale einer Zitrone, in Streifen geschnitten
16 ganze Nelken
1 Stange Zimt
1 Eßlöffel Zucker
1 1/2 Tassen starker heißer Kaffee
1/8 l irischer Whisky
Schlagsahne zum Verzieren

Die Nelken in die Orangen- und Zitronenschalen stecken und zusammen mit der Zimtstange und dem Zucker in eine feuerfeste Form geben und erhitzen. Umrühren, bis der Zucker geschmolzen ist. Dann den Whisky zuschütten und vorsichtig anzünden. Die Pfanne schütteln, bis die Flamme erlöscht. Den Kaffee zugießen und nochmals kurz erhitzen.
Inzwischen die Ränder der Gläser mit einem Zitronenschnitz einreiben, die Gläser in einen Teller mit Sandzucker drücken, so daß sich ein Zuckerrand bildet. Den Kaffee durch ein Sieb eingießen, dabei darauf achten, daß der Zuckerrand nicht weggespült wird.
Diese würzige und sehr intensive Variante wird gelegentlich in irischen Gasthäusern angeboten und stellt eine interessante Abwechslung zum original Irish Coffee dar.

tullamo
BLEND
IRISH WH

# Israelischer Honigkuchen

50 g Butter
350 g Mehl
40 g Rosinen
1/4 Tasse kleingewürfeltes Orangeat
3 Eier
1 Tasse Honig
60 g Zucker
geriebene Schale einer Zitrone
1/2 Tasse sehr starker Kaffe (aus 4 Kaffeelöffeln Pulverkaffee)
1 Päckchen Backpulver
1/4 Teelöffel Zimt
1/4 Teelöffel Piment
1 Prise gemahlene Nelke
1 Prise Salz
60 g Mandeln, blättrig geschnitten

Rosinen und Orangeat in einer Tasse mit etwas Mehl überstäuben und mit einem Teelöffel durchmengen. In einer Schüssel die Eigelb mit der Butter und dem Zucker schaumig rühren. Dann Zitronenschale, Honig und Kaffee unter ständigem Rühren zufügen. Das Mehl mit Backpulver, Zimt, Piment, Nelken und einer Prise Salz vermengen und der Eimasse nach und nach unterrühren. Rosinen und Orangeat kommen zum Schluß dazu. Die Eiweiß steif schlagen und unter die Masse heben. Eine Kapselform gut ausbuttern und mit Mehl ausstäuben. Die Masse einfüllen, mit den Mandeln verzieren. Im vorgeheizten Backofen bei 175°C 60–70 Minuten backen.
Was paßt zu diesem israelischen Honigkuchen am besten? Natürlich eine Tasse herrlich duftender Kaffee!

Service Les Etains du Chevalier, Collection Belles Choses, Straßburg
Kaffeemühle 19. Jahrhundert, Collection Mme. G. Schulé, Straßburg

# Kaffeeglasur auf Schinken

(8 Personen)
1 roher Schinken, ca. 2,5 kg, nicht geräuchert, nicht gepökelt, vom Metzger die Schwarte entfernen lassen, jedoch den Fettrand am Fleisch belassen
1/2 Tasse Honig
1/2 Tasse sehr starker Kaffee
1 Teelöffel Zimt
1/4 Teelöffel gemahlene Nelken
1 kleine Dose Aprikosen
1 kleines Glas Kirschen
etwas Maraschino oder Weinbrand
etwas saure Sahne
Zahnstocher

Den Schinken fest in Aluminiumfolie wickeln und im vorgeheizten Backofen bei 180°C ca. 2 Stunden braten. In der Zwischenzeit den Honig, den Kaffee und die Gewürze bei geringer Wärmezufuhr 10 Minuten zu einer Glasur ziehen lassen.
Nach 2 Stunden Bratzeit den Schinken aus dem Backofen nehmen, die Folie öffnen und den Fettrand kreuzweise einschneiden, so daß ein rhombisches Muster entsteht. Mit der Kaffeeglasur bestreichen und nochmals 30–45 Minuten braten, dabei das Bestreichen mehrfach wiederholen.
Kirschen und Aprikosen gut abtropfen lassen, mit etwas Maraschino oder Weinbrand beträufeln und je eine auf Zahnstocher stecken. Vor dem Servieren diese Spießchen in die Schnittkreuze des Schinkens stecken.
Den Bratenfond mit etwas saurer Sahne verrühren, die restlichen Kirschen und Aprikosen in diese Sauce geben und mit herzhaftem Brot und Rotwein zum Schinken reichen.
Dieser Schinken schmeckt auch kalt, z.B. bei einem kalten Büffet, besonders gut.

# Kaffeepfannkuchen

250 g Mehl
1 Prise Salz
1 Teelöffel Zucker
3 Eier
1/8 l Milch
1 gehäufter Teelöffel Pulverkaffee
Butter oder Schmalz zum Backen
250 g Quark
2 Eßlöffel Milch
1 Teelöffel Zucker

Milch und Kaffeepulver vermischen, das Mehl damit glattrühren. Salz, Zukker und Eigelb zufügen, das steifgeschlagene Eiweiß unterziehen. In einer Pfanne Fett erhitzen, einen Schöpflöffel Teig gleichmäßig verteilen und auf beiden Seiten goldbraun ausbacken. Inzwischen den Quark mit der Milch und dem restlichen Zucker gut verrühren, dick auf die Pfannkuchen streichen und zusammenklappen. Mit Aprikosen oder Kirschen reichlich garnieren.

Service Zwiebelmuster-Dekor, Meißen, Collection Beiles Choses, Straßburg
Kaffeemühle 19. Jahrhundert, Collection Mme. G. Schulé, Straßburg

# Kaisermelange

(1 große Tasse)
1 Eigelb
1 Eßlöffel Zucker
1 Gläschen Cognac
1/4 Tasse starker heißer Kaffee
1/4 Tasse heiße Milch

Eigelb, Zucker und Cognac gut verquirlen. In eine große Tasse gießen, den Kaffee zugeben und mit der Milch auffüllen.

Kaisermelange ist ein Rezept aus dem für Fremde verwirrenden Wiener Kaffeeangebot. Dort gibt es alle nur denkbaren Variationen der Kaffeezubereitung, meistens mit einem wohlklingenden Namen versehen, der nichts über Art und Zusammensetzung des Rezepts aussagt. Daher nachstehend einige Erläuterungen: Fiaker nennt man einen starken schwarzen Kaffee, der im Glas serviert wird. Mokka gespritzt ist ein starker Kaffee mit Cognac oder Rum versetzt. Konsul bezeichnet einen schwarzen Kaffee, dem etwas ungeschlagene Sahne zugegeben wird. *Schale Gold* und *Schale Braun* sind starke Mokkas mit bzw. ohne Schlagsahne. Der *Einspänner* besteht je zur Hälfte aus heißem schwarzem Kaffee und frischgeschlagenem Rahm. Ein *Nußschwarzer* ist ein starker schwarzer Mokka, in kleinem Täßchen serviert. Mit einigen Tropfen Rahm versetzt, entsteht der *Nußkapuziner*, der ja bekanntlich im *Cappuccino* einen italienischen Vetter hat. Gibt man etwas mehr Rahm hinzu, entsteht die schon bekannte Schale Gold. Und damit wollen wir's genug sein lassen, obwohl die Österreicher noch einige weitere phantasievolle Kaffeegetränke kennen.

# Kokoscreme

50 g Mehl
75 g Zucker
1 Prise Salz
1 Tasse starker Kaffee
1/8 l Sahne
3 Eigelb
40 g Butter
1 Päckchen Vanillezucker
2 frische Kokosnüsse
Schlagsahne zum Garnieren

In einem Gefäß Mehl, Zucker und Prise Salz vermischen, im Wasserbad erhitzen und nach und nach Kaffee und die Sahne unter ständigem Umrühren beigeben, bis die Masse zu stocken beginnt. Eine kleine Menge der Masse vermischt man nun mit den Eigelb und schüttet das Ganze ins Gefäß im Wasserbad zurück. Noch einige Minuten unter ständigem Rühren kochen, dann Gefäß aus dem Wasserbad nehmen. Inzwischen Kokosnüsse aufsägen, Milch abschütten und das Fruchtfleisch kreisförmig ausheben, so daß ein ca. 1 cm breiter Rand verbleibt. Das ausgehöhlte Fruchtfleisch mit der Gabel zerdrücken, und mit Butter und Vanillezucker der Masse untermischen. Kühlstellen.
Nach dem Auskühlen die Masse in die ausgehöhlten Kokosnußhälften füllen und mit Schlagsahne garnieren.

# Kürbiscreme in Walnußpastete

Füllung:
2 Blatt weiße Gelatine
1/4 Tasse starker kalter Kaffee
1 Tasse heißes Wasser
1/4 Tasse heller Zuckersirup
30 g Zucker
1/2 Teelöffel Ingwerpulver
1/2 Teelöffel Zimt
1/2 l Vanilleeis
1 Tasse Kürbisstückchen (Dose)

Walnußpastete:
1 Tasse gemahlene Walnüsse
1 Tasse zermahlene Butterkekse
1/2 Teelöffel Ingwerpulver
20 g Zucker
80 g zerlassene Butter
Schlagsahne zum Garnieren

Füllung: Gelatineblätter in kaltem Kaffee einweichen, Sirup und heißes Wasser vermischen, Kaffee-Gelatine-Mischung zugeben. Das Ganze so lange umrühren, bis die Gelatine sich aufgelöst hat. Zukker und Gewürze vermischen, der übrigen Masse zufügen und umrühren, bis auch der Zucker aufgelöst ist. Das Eis zugeben und umrühren, bis alles gut vermischt ist. Zum Schluß Kürbisstücke untermischen. Die Masse in die fertige Walnußpastete einfüllen.
Walnußpastete: Gemahlene Nüsse, Butterkeksbrösel, Ingwerpulver, Zucker und zerlassene Butter gut vermengen und fest an Rand und Boden einer kleinen Auflaufform drücken. In vorgewärmtem Ofen bei 200°C ca. 8 Minuten backen, auskühlen lassen. Zum Schluß mit Schlagsahne garnieren.

Kaffeemühle 19. Jahrhundert,
Collection Mme. G. Schulé, Straßburg

# Lebkuchen Pennsylvania

300 g Mehl
1 Teelöffel Salz
1 Päckchen Backpulver
1/4 Teelöffel gemahlene Nelke
1 Teelöffel Zimt
1 Teelöffel Piment
3 Eier
250 g brauner Zucker
250 g kandierte Früchte, kleingeschnitten
120 g Walnüsse, feingehackt
1/2 Tasse starker Kaffee
120 g Puderzucker
Saft einer halben Zitrone

Ganze Eier mit dem Zucker schaumig rühren. Kaffee untermischen. Nach und nach Mehl, Backpulver, Gewürze, kandierte Früchte und Walnüsse unter ständigem Rühren beifügen. Ca. 10 Minuten mit dem Mixer kneten. Den Teig auf ein gefettetes, bemehltes Blech verteilen, so daß er etwa 1 cm hoch liegt. Im vorgeheizten Backofen bei 175°C ca. 30 Minuten backen. Inzwischen mit Puderzucker und Zitronensaft eine Glasur anrühren und auf die gebakkene, noch warme Lebkuchenmasse streichen. Abkühlen lassen und in 2 cm breite, 5 cm lange Stücke teilen. In Pennsylvanien haben sich die Eßgewohnheiten der deutschen Auswanderer als Erinnerung an die alte Heimat besonders ausgeprägt erhalten. Von der deutschen Tradition des Lebkuchenrezepts weicht lediglich der Zusatz des Kaffees ab, vielleicht eine Konzession an das Land der Kaffeetrinker, Amerika.

Eine der ersten Kaffeemaschinen, Collection Mme. G. Schulé, Straßburg

# Mazagran

(1 Tasse)
3/4 Tasse starker kalter Kaffee
1 Likörglas Maraschino
1 Stück Würfelzucker
1 Eiswürfel

Eiswürfel in der Tasse mit dem Kaffee übergießen, Maraschino und Zucker dazugeben. Umrühren, fertig!
Der Name Mazagran erinnert an jenen Ort, den im Jahre 1840 eine Handvoll französischer Soldaten gegen eine starke arabische Übermacht über Wochen hindurch verteidigte. Als die Lebensmittelvorräte zu Ende waren, ernährten sich die Soldaten ausschließlich von gekühltem schwarzem Kaffee. Der Zusatz von Maraschino ist mit Sicherheit einem späteren, unkriegerischen Einfall zu verdanken!

Kaffeemühle 19. Jahrhundert,
Collection Mme. G. Schulé, Straßburg

# Mokkabecher Hawaii

2 Tassen starker kalter Kaffee
1 Tasse Ananassaft
1/2 l Mokkaeis

Alles zusammen mit dem Handmixer verrühren, bis eine schaumige Creme entsteht. In hohe Gläser füllen. Mit Ananasstückchen und etwas geriebener Schokolade verzieren.
Die Hawaii-Inseln wurden durch James Cook 1778, also relativ spät entdeckt. Heute ist Hawaii ein Bundesstaat der USA, und seine Haupteinnahmequelle ist der Touristenverkehr. An landwirtschaftlichen Produkten steht Zuckerrohr an erster Stelle, gefolgt vom Ananasanbau. Aber auch Kaffee findet man auf Hawaii, und somit sind alle Zutaten unseres Rezepts auf den vielbesungenen Trauminseln im Nordpazifik heimisch.

# Mokka-Eclairs

Teig:
1/4 l Milch
120 g Mehl
1 Eßlöffel Zucker
4 Eier
1 Prise Salz
75 g Butter

Creme:
0,4 l Milch
1/2 Päckchen Vanillepudding
4 Eigelb
100 g Zucker
3 Kaffeelöffel Pulverkaffee

Glasur:
150 g Puderzucker
6 Eßlöffel starker Kaffee
einige Tropfen Essig

Teig: Milch, Zucker, Salz und Butter in einem Topf unter Umrühren aufkochen lassen. Hitze zurückschalten, das Mehl auf einmal hineinschütten und unterrühren. Gut 5 Minuten rühren, bis eine feste, aber noch geschmeidige Masse entsteht. Etwas abkühlen lassen dann die Eier einzeln untermischen. Auf ein bemehltes Blech fingerlange Streifen spritzen und im vorgewärmten Backofen bei 250°C 25 Minuten backen. Die Eclairs auskühlen lassen und der Länge nach aufschneiden.
Creme: Eigelb und Zucker schaumig rühren. Pudding- und Kaffeepulver nach und nach dazugeben. Anschließend die kochende Milch einrühren. In einem Topf kurz aufkochen lassen, damit die Masse eindickt.
Glasur: Den Puderzucker mit dem Kaffee anrühren, einige Tropfen Essig dazugeben.
Die Eclairs-Hälften mit Creme füllen, zusammensetzen und die obere Hälfte mit Glasur einstreichen.

Kaffeemühle 19. Jahrhundert,
Collection Mme. G. Schulé, Straßburg

# Mokkaflip Chicago

(1 Glas)
1/2 Tasse Milch
1 Eßlöffel Pulverkaffee
1 Likörglas Cognac
1 Likörglas Mokkalikör
1 Päckchen Vanillezucker
3 Eiswürfel

Milch, Kaffee, Cognac, Likör und Vanillezucker in einem Shaker gut durchschütteln, so daß sich der Kaffee restlos auflöst. In einem hohen Stilglas 3 Eiswürfel mit dem Gemisch übergießen und mit Strohhalm servieren.
In der Terminologie der Mixgetränke hat sich für eine Mischung aus Eigelb, Alkoholika, Zucker und Eis der Name Flip eingebürgert. Streng genommen aber ist ein Egg-Flip ein Eierpunsch und somit ein Mokkaflip eben eine Mixtur mit Kaffee. Das Eigelb wurde in unserem Rezept durch Milch ersetzt, was harmonischer wirkt und weil das Gelbe vom Ei ohnehin nicht jedermanns Sache ist. Bei dieser Art von Mixgetränken sind die Grenzen fließend, und Sie können durch kleine Varianten ohne weiteres Ihren Hauscocktail erfinden.

# Mokkapudding Surprise

120 g Zucker
150 g Mehl
1 Päckchen Backpulver
1 Prise Salz
1 Teelöffel Zimt
1/2 Teelöffel gemahlene Nelke
1/2 Teelöffel Piment
1/2 Teelöffel gemahlene Muskatnuß
60 g zerlassene Butter
1/2 Tasse Milch
1 Päckchen Vanillezucker
75 g brauner Zucker
75 g weißer Zucker
40 g Kakao
1 Tasse starker kalter Kaffee

120 g Zucker, das Mehl, das Backpulver, eine Prise Salz und die Gewürze gut vermischen. Unter Umrühren die zerlassene Butter zufügen. Vanillezukker in Milch auflösen und mit den übrigen Zutaten vermischen. Das Ganze in eine gefettete Auflaufform füllen. Braunen und weißen Zucker mit dem Kakao vermischen und über den Puddingteig streuen. Den kalten Kaffee zum Schluß darübergießen. Im vorgewärmten Backofen bei 200°C 40–50 Minuten backen. Warm servieren. Überraschend an diesem Pudding Surprise ist nicht nur sein köstlicher Geschmack, sondern auch die meist bizarr geformte Oberfläche des Puddings, die sich nach dem Ausbacken präsentiert. Durch das Überstreuen mit Zucker und Kakao und dem Übergießen mit Kaffee entstehen allerlei sonderbare Strukturen auf dem Pudding, und mit etwas Phantasie kann man ähnlich wie beim Bleigießen an Sylvester aus dem Pudding Surprise die Zukunft lesen.

CKER
MUSKAT
ZIMT

# Mokkaquark

250 g Quark
3 Eßlöffel Milch
2 Eßlöffel Pulverkaffee
3 Eßlöffel Zucker
1/4 l Schlagsahne
1 Päckchen Vanillezucker
Schokolade-Mokka-Bohnen zum Verzieren

Quark, Milch, Kaffee, Zucker und Vanillezucker mit dem Handmixer gut rühren, damit die Masse luftig wird. Schlagsahne vorsichtig unterheben. In Gläser füllen, kaltstellen und vor dem Servieren mit den Mokka-Bohnen verzieren.
Quark wird heute als kalorienarm und mit Spurenelementen und Vitaminen durchsetzt für alle möglichen Varianten von Früchtedesserts verwendet. Selbstverständlich läßt sich Quark auch mit Kaffee ausgezeichnet kombinieren und liefert eine leichte, wohlschmeckende und optisch anregende Nachspeise.

# Mokkasorbet

1/2 l Milch
125 g Zucker
3 Eßlöffel Pulverkaffee
2 Eiweiß
1 Prise Salz
1 Teelöffel Rum

Milch, Zucker und Kaffee in einem Topf erhitzen, aber nicht kochen. Wenn der Zucker aufgelöst ist, den Rum zugeben und abkühlen lassen. Über Nacht in das Gefrierfach stellen. Am nächsten Tag die Eiweiß mit einer Prise Salz steif schlagen und mit der Eismasse im Mixer luftig rühren. Danach nochmals 1 Stunde in den Gefrierschrank stellen. In Gläsern servieren. Ein Dessert, das besonders an heißen Tagen sehr willkommen ist.
Im vorigen Jahrhundert brachten österreichische Diplomaten das Rezept eines kühlen Getränkes aus Wasser, Zucker und Fruchtsaft aus der Türkei nach Wien. Dort wurde es das Lieblingsgetränk der jungen, schönen Kaiserin „Sissi“, die das Sorbet mit Veilchensaft über alles liebte (außer ihrem Mann, dem Kaiser Franz Joseph natürlich!). In unserem Rezept ersetzen wir den Fruchtsaft unserem Thema entsprechend durch Kaffee.

# Mokkatorte auf englische Art

Teig:
175 g Butter
175 g Zucker
5 Eier
2 Eßlöffel Erdbeerkonfitüre
175 g Bitterschokolade
175 g Mehl
1/2 Päckchen Backpulver
50 g gemahlene Mandeln

Creme:
250 g Butter
250 g Puderzucker
2 Eigelb
geriebene Schale einer Orange
4 Kaffeelöffel Pulverkaffee

Teig: Butter und Zucker schaumig rühren, Eigelb nach und nach zugeben. Dann die Konfitüre und die im Wasserbad geschmolzene Schokolade untermischen. Mehl, Backpulver und Mandeln dazurühren, zum Schluß den steifen Schnee der Eiweiß unterheben. Eine Springform einfetten, den Teig einfüllen und bei 180°C ca. 60–70 Minuten backen.
Creme: Butter und Zucker schaumig rühren, Eigelb zugeben. Dann Orangenschale und Pulverkaffee untermischen. Den Tortenboden viermal durchschneiden, Creme dazwischenfüllen, zusammensetzen. Den Rand der Torte ebenfalls mit Creme bestreichen. Je nach Laune mit Schlagsahne verzieren, kandierte Früchte aufstecken oder Pistazien darüberstreuen.

Service Haviland, Limoges,
Collection Beiles Choses, Straßburg
Kaffeemühle 19. Jahrhundert,
Collection Mme. G. Schulé, Straßburg

# Panochado Brasil

400 g brauner Rohrzucker
1/2 Tasse starker Kaffee
2 Teelöffel Honig
40 g Butter
1 Päckchen Vanillezucker
60 g gehackte Paranüsse

In einem Saucenpfännchen Zucker, Kaffee und Honig vermischen. Bei leichter Hitze unter ständigem Umrühren ankochen lassen, bis der Zucker geschmolzen ist. Das Pfännchen vom Herd nehmen, die Butter dazugeben, ohne jedoch umzurühren, und auf lauwarm abkühlen lassen. Vanillezucker beifügen, dann mit einer Gabel die Mischung schlagen, bis sie ihr glänzendes Aussehen verliert. Dann die Nüsse untermengen. Die Masse in eine rechteckige Form gießen, kaltstellen und in kleine längliche Vierecke zerteilen. Panocha sind Maiskolben. Die Phantasie machte im Kaffeeland Brasilien aus diesem Rezept ganz einfach „brasilianische Maiskolben".

Service Rothschild, handgemalt von Herend, Collection Beiles Choses, Straßburg

# Parfait au café

350 g Zucker
3 Eßlöffel kaltes Wasser
6 Eigelb
1/2 l Sahne
1 Tasse sehr starker kalter Kaffee

In einer Kasserolle den Zucker erhitzen (120°C) und mit etwas Wasser so lange umrühren, bis eine kleine Menge davon, in kaltes Wasser getropft, ein festes Kügelchen bildet. Die Eigelb in einer Schüssel schaumig rühren und unter fortwährendem Schlagen mit dem Schneebesen oder dem Mixer den kochenden Zucker in dünnem, stetigem Strahl zugießen. Die Masse muß ein weißliches, leicht schaumiges Aussehen annehmen. Dann unter weiterem Rühren den Kaffee dazugeben.
Die Sahne mit einem zerstoßenen Eiswürfel vermischt steif schlagen und nach und nach behutsam unter die Creme heben. Einen Eiswürfelbehälter in kaltem Wasser ausspülen und nicht abtrocknen. Die Masse einfüllen und über Nacht (12-14 Stunden) in den Gefrierschrank legen. Dann die Form umgekehrt auf eine Platte legen, ein in heißem Wasser getränktes, ausgedrücktes Tuch auflegen, so daß sich das Eis aus der Schale löst. Dazu reicht man Eiswaffeln und Champagner.
Das Rezept stammt aus dem renommierten französischen Restaurant Château Saint-Philippe in Saint-Nicolas-de-la-Balerme und wurde mit freundlicher Genehmigung des Hallwag-Verlages in Bern dem Buch von Louisette Bertholle „Die geheimen Rezepte der besten Restaurants Frankreichs“ entnommen.

# Pasta asciutta al Café

1 Pfund Rinderhack
1 mittelgroße feingehackte Zwiebel
1 Dose Tomatensaft
3/4 Tasse starker Kaffee
1 kleine Dose Champignons, blättrig geschnitten
1 Knoblauchzehe, feingehackt
2 Eßlöffel Olivenöl
1 Tube Tomatenmark
Prise Zucker
Salz
Oregano
Spaghetti
Parmesankäse zum Überstreuen

Zwiebel und Knoblauch in Olivenöl andünsten. Das Hackfleisch zufügen und anbräunen. Tomatensaft, Tomatenmark und Kaffee nach und nach zuschütten. 1/2 Stunde köcheln lassen, dann Pilze und Oregano beigeben und nochmals 5 Minuten leicht kochen lassen. Mit Salz abschmecken. Spaghetti mit der Sauce übergießen und geriebenen Parmesankäse überstreuen. Dazu grünen Salat und einen leichten, herben Rotwein reichen.
Die Pasta asciutta ist dem Italienreisenden mindestens ebenso bekannt wie die Kunstschätze von Rom, Venedig oder Florenz. Italien ist aber auch ein Land der Kaffeetrinker, und wer kennt nicht den typischen Espresso. Es lag also nahe, ein Experiment mit Pasta asciutta und Kaffee zu wagen. Wir hoffen, daß es Ihre Zustimmung findet.

# Peruanische Kaffeecreme

1/2 l Milch
4 Eigelb
100 g Puderzucker
1 Päckchen Vanillezucker
120 g Milchschokolade
50 g Kaffeebohnen
100 g Zucker (für das Karamel)
Schlagsahne zum Verzieren

Milch und Vanillezucker aufkochen lassen. Dann die Kaffeebohnen zugeben und 15 Minuten ziehen lassen. Kaffeebohnen absieben.
Inzwischen die Karamelsauce bereiten. Dazu den Zucker in einer Pfanne erhitzen. Sobald der Zucker braun wird, mit 1/2 Glas warmem Wasser ablöschen. Auf kleiner Flamme umrühren, bis der Zucker ganz geschmolzen ist. Vom Herd nehmen und die Schokolade in kleinen Stückchen zufügen. Diese Masse dann mit der Milch vermischen. In einer Schale die Eidotter und den Puderzucker verquirlen. Der Milch-Karamel-Masse untermischen. Das Ganze bei kleiner Flamme, ohne zu kochen, unter Umrühren eindicken lassen, bis eine geschmeidige Creme entstanden ist. In Dessertschälchen füllen, abkühlen lassen und einige Stunden in den Kühlschrank stellen. Mit Schlagsahne verziert und Vanillewaffeln garniert kalt servieren.

Kaffeemühle 19. Jahrhundert,
Collection Mme. G. Schulé, Straßburg

# Pharisäer

(1 Tasse)
1 Teelöffel Kakaopulver
1 Teelöffel Zucker
1 Likörglas Rum
3/4 Tasse heißer starker Kaffee
Schlagsahne

In angewärmter Tasse Zucker, Kakao und Rum verrühren. Dann den heißen Kaffee dazugießen und mit reichlich Schlagsahne zudecken.
Dieses Kaffeerezept wird von einer lustigen Geschichte begleitet: Auf einer Insel im äußersten Norden Deutschlands hielt ein neuer Pfarrer Einzug. Er hatte keineswegs etwas gegen Kaffee einzuwenden, um so mehr aber wetterte er gegen Alkohol. Bei einem Fest kredenzte der Hausherr Kaffee, der aber keine rechte Stimmung aufkommen lassen wollte. Deshalb setzte er heimlich Rum zu, den Kaffee des Herrn Pfarrers natürlich sorgsam auslassend. Um verräterische Düfte des Alkohols zu verbergen, wurde auf die Kaffeetasse eine dicke Haube Schlagsahne gesetzt. Die Stimmung stieg zusehends. Als man die Tasse des Herrn Pfarrers verwechselte, kam der Schwindel auf, und der Gottesmann beschimpfte den Hausherrn als Heuchler und Pharisäer. Wenn sie nicht ganz wahr sein sollte, diese Geschichte, so ist sie auf jeden Fall gut erfunden.

# Roastbeef in brauner Tunke

(für 6-8 Personen)
1/4 Pfund Nierenfett
4 Pfund Roastbeef, gut abgehangen
Mehl zum Bestäuben
2 Teelöffel Salz
1/4 Teelöffel Pfeffer
1 Zwiebel, fein gehackt
1 Tasse starker Kaffee
3 Tassen Wasser

Das Nierenfett in einer Kasserolle erhitzen und auslaufen lassen. Die Rückstände entfernen. Das Roastbeef mit Mehl überstäuben, in das heiße Nierenfett geben und auf allen Seiten kurz anbraten. Dann Salz und Pfeffer zufügen, ebenso die Zwiebel, den Kaffee und das Wasser. Kasserolle zudecken und auf schwacher Hitze ca. 1 1/2–2 Stunden köcheln lassen, je nach Beschaffenheit des Fleisches auch kürzer. Gelegentlich das Roastbeef wenden. Zum Schluß den Bratfond gegebenenfalls mit etwas Mehl eindicken. Heiß servieren, am besten mit Rösti und grünem Salat. Dazu paßt ein leichter, herber Rotwein.
Es ist heute schwierig, Nierenfett zu bekommen. Sie können statt dessen auch Olivenöl verwenden, das ebenfalls einen sehr hohen Siedepunkt besitzt. Allerdings geht die typische Geschmacksnote des Nierenfetts dann verloren. Wichtig ist das langsame und damit auch langwierige Köcheln, denn gerade dadurch nimmt das Fleisch das ausgeprägte Aroma der Sauce an.

Kaffeemühle 19. Jahrhundert,
Collection Mme. G. Schulé, Straßburg

# Schokoladen-Kaffee - Creme Thomas Lieven

1 l Milch
150 g Milchschokolade
50 g Zucker
3 Eier
2 Eßlöffel Stärkemehl
1 Eßlöffel Pulverkaffee

Die Milch, die in Stückchen zerbrochene Schokolade und den Zucker aufkochen lassen. Daneben in einer Schüssel die Eigelb mit dem Stärkemehl schaumig rühren und die kochende Milch dazurühren. Die Masse dann in den Kochtopf zurückschütten und auf kleiner Hitze unter ständigem Rühren eindicken lassen. Die Masse darf nicht zum Kochen kommen. Zum Schluß den Pulverkaffee und den steifen Eierschnee unterrühren. Abkühlen lassen und in Schalen sehr kalt servieren. Der berühmte Vielfachagent Thomas Lieven aus Johannes Mario Simmeis Roman „Es muß nicht immer Kaviar sein“ zauberte diese Schokoladen-Kaffee-Creme, kurz bevor er eine französische Widerstandskämpferin zu einer deutschen Abwehragentin umfunktionierte. Die Dame war natürlich ausnehmend schön...! Ihnen, verehrte Leserin, wünschen wir guten Appetit!

Kaffeemühle 19. Jahrhundert,
Collection Mme. G. Schulé, Straßburg

78 cl

# Scotch Coffee Kilt

(2 große Gläser)
1 Tasse starker kalter Kaffee
2 Eßlöffel Zucker
1 Likörglas Mokkalikör
1 Likörglas schottischer Whisky
1 Eßlöffel feingehackte Pistazien
1/8 l Sahne, halbsteif

Den gekühlten Kaffee mit dem Zucker, dem Likör, dem Whisky und der Hälfte der Sahne im Mixer verquirlen. In gekühlte Gläser füllen und die restliche Sahne vorsichtig aufgießen, damit sie auf dem Kaffee schwimmt und sich nicht vermischt. Mit den Pistazien bestreuen.

Nachdem die Iren mit ihrem Irish Coffee ein Rezept kreierten, das in aller Welt Berühmtheit erlangte, wollten die Schotten natürlich nicht nachstehen und schufen den Scotch Coffee. Da sie nicht das feurige Temperament der Iren besitzen, ließen sie den Kaffee kalt, setzten schottischen Whisky, der nun seinerseits wieder berühmter als der irische ist, zu und fügten noch das Wort Kilt an, um alle Zweifel über die Herkunft des Rezepts zu zerstreuen. Kilt ist der ebenfalls weltberühmte grobkarierte Schottenrock, und wenn Sie Scotch Coffee servieren, sollten Sie es der Originalität zuliebe auf einem Schottenmuster tun.

# Steak Barbecue

4 Rindersteaks
Olivenöl zum Anbraten
3/4 Tasse starker Kaffee
50 g Butter
2 Teelöffel Worcestershire-Sauce
2 Teelöffel Senf, mittelscharf
1 Eßlöffel Zitronensaft
1 Teelöffel Zucker
1 Schuß Tabasco-Sauce

Steaks klopfen, auf beiden Seiten salzen und pfeffern und im heißen Fett auf jeder Seite 3-5 Minuten anbraten. Nebenbei die übrigen Zutaten vermischen, erhitzen, kurz aufwallen lassen und über die Steaks gießen. Sofort zu Tisch geben und mit Reis servieren. Dazu paßt Bier oder ein herber Rotwein. Unter barbecue versteht der Engländer am Spieß oder auf dem Grillrost gebratenes Fleisch, und die Amerikaner erweiterten den Begriff zu einem Volksfest im Freien. Daneben aber bedeutet barbecue auch das Rösten von Kaffeebohnen. Wenn Sie also Gäste zu einer Gartenparty einladen, auf dem Grill ein paar Steaks anbraten und sie mit obiger Kaffeetunke übergießen, haben Sie alles, was unter dem Begriff *barbecue* zu verstehen ist, vereint.

# Südseebrot

300 g Mehl
1 Teelöffel Salz
50 g zerkleinerte Walnußkerne (nicht gemahlen)
1 Tasse starker Kaffee
1 Ei
1 Päckchen Backpulver
100 g Zucker
200 g feingeschnittene Datteln
20 g zerlassene Butter

Mehl, Backpulver, Salz und Zucker vermengen, die Walnüsse und die Datteln unterrühren. Kaffee, das zerschlagene Ei und Butter verrühren und den übrigen Zutaten beifügen. So lange rühren, bis eine glänzende, nicht zu feuchte Teigmasse entsteht. Evtl. noch etwas Mehl zufügen. In eine gefettete Brotform füllen, 20 Minuten kühl stehen lassen, dann in vorgewärmten Backofen bei 200°C 1 Stunde backen. Mit Puderzucker bestreuen.
Beim Wort Südsee steigen Erinnerungen auf – Sonne, Strand, Palmen, Wasser, Musik und Tanz. Etwas von diesem Fluidum ist in unserem Südseebrot eingefangen, und natürlich hat auch der Kaffee darin seinen Platz, denn auf Neu-Guinea, Indonesien und Hawaii wird in beträchtlichen Mengen Kaffee angebaut.

# Wiener Kaffeemerinke

4 Eiweiß
120 g Zucker
140 g Puderzucker
3/8 l Sahne
20 g Zucker
5 Kaffeelöffel Pulverkaffee
4 Kugeln Vanilleeis

Eiweiß steif schlagen, nach und nach Zucker einrühren, anschließend Puderzucker locker unterziehen. Auf ein Pergamentpapier in der Größe eines Backblechs 3 gleichgroße Kreise aufzeichnen. Mit einem Spritzsack die obige Masse spiralenförmig von innen nach außen auf die Kreisflächen spritzen. Das Papier auf ein heißes Backblech ziehen, in vorgewärmtem Rohr bei 120°C 10 Minuten backen, dann auf 90°C zurückschalten und im Ofen lassen, bis die Masse trocken ist und leicht gelbliche Färbung angenommen hat. Die Böden in heißem Zustand vom Papier lösen (Papier notfalls von unten anfeuchten!) und kaltstellen. Sahne mit Pulverkaffee und Zucker vermischen und steif schlagen. Das etwas weich gewordene Vanilleeis auf die Böden setzen, Sahne dazwischen und außenherum streichen, oben verzieren und mit Schokolade-Mokkabohnen und übergestreutem Kakao garnieren.

Kaffeemühle 19. Jahrhundert,
Collection Mme. G. Schulé, Straßburg

# Würzige Rosinenbiskuits

50 g kernlose Rosinen
200 g Mehl
100 g Stärkemehl
1 Päckchen Backpulver
100 g Butter
2 Eier
100 g Zucker
10 g Zimt
10 g Muskatnuß, gerieben
1/2 Tasse starker Kaffee
1/8 l Sahne
30 g Zucker

Die Rosinen mit heißem Wasser übergießen und 5 Minuten stehenlassen, dann abtropfen lassen und kühlstellen. Butter zerlassen, abkühlen lassen, die ganzen Eier, Zucker und den Kaffee zugeben und schaumig rühren. Zimt, Muskatnuß, Backpulver und Mehl unter ständigem Umrühren zufügen. Zum Schluß die Rosinen unterheben. Auf einem gemehlten Brett ca. 1 cm dünn ausrollen. In längliche Rechtecke schneiden, auf gefettetem Blech bei 250°C 10-12 Minuten backen.
Sahne halbsteif schlagen, mit Zucker vermischen und auf die gebackenen Biskuits streichen, im Backofen mit Oberhitze oder unter dem Grill braun und glasig überbacken.

Kaffeemühle 19. Jahrhundert,
Collection Mme. G. Schulé, Straßburg

# Fünfzig Kaffeerezepte nach Gruppen


**Hauptgerichte**

Boston Baked Beans 112
Gulasch Mexicana 140
Kaffeeglasur auf Schinken 152
Pasta asciutta al Café 184
Roastbeef in brauner Tunke 190
Steak Barbecue 196

**Süßspeisen**

Bananen auf brasilianische Art 106
Barbadospudding 108
Berliner Mandelnäpfchen 110
Café Zabaione 120
Charlotte russe 124
Creme Ambassadeur 128
Erdbeerkranz 136
Indianerpudding 142
Indischer Kaffeereis 144
Kaffeepfannkuchen 154
Ko koscreme 158
Mokkapudding Surprise 172
Mokkaquark 174
Panocha do Brazil 180
Peruanische Kaffeecreme 186
Schokoladen-Kaffee-Creme Thomas Lieven 192

**Kuchen und Torten**

Israelischer Kaffeekuchen 150
Mokkatorte auf englische Art 178
Südseebrot 198

**Gebäck**

Lebkuchen Pennsylvania 162
Mokka-Eclairs 168
Würzige Rosinenbiskuits 202

**Eisspezialitäten**

Aztekeneis 104
Eisbecher Grand Marnier 132
Eiskaffee Escoffier 134
Kürbiscreme in Walnußpastete 160
Mokkabecher Hawaii 166
Mokkasorbet 176
Parfait au café 182
Wiener Kaffeemerinke 200

**Warme Getränke**

Café brûlot 114
Café Royal 116
Café Westindia 118
Cappuccino 122
Diplomatenkaffee 130
Ginger Coffee 138
Irish Coffee Original 146
Irish Coffee Spezial 148
Kaffeemelange 156
Pharisäer 188
Scotch Coffee Kilt 194

**Kalte Getränke**

Coffee Cobbler Bourbon 126
Mazagran 164
Mokkaflip Chicago 170

# Fünfzig Kaffeerezepte alphabetisch


Aztekeneis 104

Baked Beans 112
Bananen auf brasilianische Art 106
Barbadospudding 108
Berliner Mandelnäpfchen 110
Boston Baked Beans 112

Café brûlot 114
Café Royal 116
Café Westindia 118
Café Zabaione 120
Cappuccino 122
Charlotte russe 124
Coffee Cobbler Bourbon 126
Creme Ambassador 128

Diplomatenkaffee 130

Eisbecher Grand Marnier 132
Eiskaffee Escoffier 134
Erdbeerkranz 136

Ginger Coffee 138
Gulasch Mexicana 140

Honigkuchen israelische Art 150

Indianerpudding 142
Indischer Kaffeereis 144
Irish Coffee Original 146
Irish Coffee Special 148
Israelischer Honigkuchen 150

Kaffeecreme peruanische Art 186
Kaffeeglasur auf Schinken 152
Kaffeemerinke Wiener Art 200
Kaffeepfannkuchen 154
Kaffeereis indische Art 144
Kaisermelange 156
Kokoscreme 158
Kürbiscreme in Walnußpastete 160

Lebkuchen Pennsylvania 162

Mandelnäpfchen Berliner Art 110
Mazagran 164
Mokkabecher Hawaii 166
Mokka-Eclairs 168
Mokkaflip Chicago 170
Mokkapudding Surprise 172
Mokkaquark 174
Mokkasorbet 176
Mokkatorte auf englische Art 178

Panocha do Brasil 180
Parfait au Café 182
Pasta asciutta al Café 184
Peruanische Kaffeecreme 186
Pharisäer 188

Roastbeef in brauner Tunke 190
Rosinenbiskuits 202

Schinken mit Kaffeeglasur 152
Schokoladen-Kaffee-Creme Thomas Lieven 192
Scotch Coffee Kilt 194
Steak Barbecue 196
Südseesorbet 198

Walnußpastete mit Kürbiscreme 160
Wiener Kaffeemerinke 200
Würzige Rosinenbiskuits 202

Zabaione al Café 120

# Fotografen und Sammlungen

Bibliotheque Nationale, Paris: 33
Sammlung Braunschweig & Co., Basel: 12/13,16/17, 20/21,23 (2),30/31,64/65
British Museum, London: 26/27
Eugen C. Bürgin, Schaffhausen: 45 (3), 76/77 (3), 89 (2), 90
Eugen C. Bürgin/Peter Mueck: 15, 46, 47, 52
Weinstube „Burjerstuebel" – Chez Yvonne, Straßburg: 39
Collection Beiles Choses, Straßburg: 124, 136, 138, 150, 154, 178, 180
Comite Francais du Café, Paris: 8
Deutsche Kaffee-Extrakt GmbH, Hamburg: 50/51
Sigloch Bildarchiv, Hans Joachim Döbbelin, 104-203
Sammlung Heini H. Douque, Amsterdam: Vorsatzpapier, 83
Sammlung Jules Gelderen, Rombouts N. V., Antwerpen: 2/3, 72/73 (12)
Sammlung C. H. von Gimborn, Probat-Werke, Emmerich: 68/69 (12)
Erhardt Hehl, Stuttgart: 2/3, 39, 41 (2), 42/43 (8), 68/69 (12), 72/73 (12), 83
P. Jobin & Cie., Le Havre: 54/55, 58, 59 (2), 62
Walter Matter, Genf: 56/57
Musee des Arts Decoratifs, Straßburg: 41(2)
Rijksmuseum, Amsterdam: 35
Collection Mme. G. Schulé, Straßburg: 106, 110, 112, 120, 138, 140, 144, 150, 154, 160, 162, 164, 168, 178, 186, 190, 192, 200, 202
Tropeninstitut, Amsterdam: 49 u.
Werner Urfer, Basel: 53, 60/61
Westermann Verlag, Braunschweig: 49 o.